超能资本

高收益债券
与杠杆收购

王巍 等◎著

中国出版集团

中译出版社

图书在版编目（CIP）数据

超能资本：高收益债券与杠杆收购 / 王巍等著 .
北京：中译出版社, 2025. 2. -- ISBN 978-7-5001
-8113-2

Ⅰ . F830.91

中国国家版本馆 CIP 数据核字第 2024Y4W867 号

超能资本：高收益债券与杠杆收购
CHAONENG ZIBEN: GAO SHOUYI ZHAIQUAN YU GANGGAN SHOUGOU

作　　者：王　巍　等
策划编辑：龙彬彬
责任编辑：龙彬彬
文字编辑：李梦琳
营销编辑：钟筏童

出版发行：中译出版社
地　　址：北京市西城区新街口外大街 28 号 102 号楼 4 层
电　　话：（010）68002494（编辑部）
邮　　编：100088
电子邮箱：book@ctph.com.cn
网　　址：http://www.ctph.com.cn

印　　刷：中煤（北京）印务有限公司
经　　销：新华书店
规　　格：710 mm × 1000 mm　1/16
印　　张：16.25
字　　数：174 千字
版　　次：2025 年 2 月第 1 版
印　　次：2025 年 2 月第 1 次印刷

ISBN 978-7-5001-8113-2　　　　定价：79.00 元

序

杠杆收购要关注风险，
强调市场化和法治化原则

把杠杆收购（Leveraged buy-outs）和困境企业重组结合在一起讨论，是很有现实意义的一件事。收购兼并是一个比较复杂的话题。从收购的方式来说，可以是财务性的收购，也就是说，只对收购标的部分股权进行收购，并不一定去谋求对这个企业的完全控制权；也可以是所谓战略性的收购，也就是说，收购的股权份额相对比较大，是希望获得收购对象管理控制权的。

从收购所需要的资金来说，可以是收购方完全用自有资金来收购。当然这种情况并不是很多，更多的可能是通过一些融资，比如银行的信贷支持，或者收购方自己发行债券，包括高收益债券（High Yield Bonds）等方式来筹措资金进行收购。收购的对象可能是比较优质的企业，即通常所说的强强联合；也可以是经营遇到比

I

较多困难的企业——坦率地说，就是已经难以自救的那些企业，即困境企业的收购。

当前由于内外环境的一些变化，确实有一批企业在经营管理中困难比较多。近年来，为了给这些企业纾困，我国方方面面都做出了很多努力，也付出了不少代价。比如，对企业连续几年降税、减费，对一些企业大规模地增加银行的信贷投入，同时不断地宣传和要求营造更好的营商环境，为这些企业的生存发展提供更有利的条件。客观地说，这些措施都取得了一定的效果。但是，是否还有一种更有效或者更直接但我们用得还不多的措施呢？有，那就是收购、兼并。我觉得它对社会资源的重新配置效率是比较高的，特别是对困境企业的处理，比破产重整、破产清算的社会成本应该更低；对稳市场、稳信心、稳预期、稳就业的作用是比较明显的。当然，在这个过程中可能有两个问题，我们需要重点关注。

第一，对困境企业的收购兼并必须特别注意强调市场化、法治化的原则。也就是说由谁来收购、收购谁、以什么方式收购、以什么样的价格收购，都应该坚持公平、公正的原则，都应该是各方真实意愿的反映和表达。因为事实已经反复告诉我们，凡是搞"拉郎配"式的，凡是简单通过行政力量来搞人为拟合式的所谓兼并，实际上往往难以达到预期的目的，有的时候还常常把原先还不错的收购方也拖累了，使它们也陷入了泥潭，最后难以自拔。至于在收购结束后，如何实行企业的整合，企业的法人治理机制怎样重新搭建，企业经营理念、企业管理文化能不能尽快优化，这都是在收购兼并活动中必须坚持市场化、法治化原则的重要方面。以往，在这一方面，坦率地说，有的时候我们做得是不到位的。10多年前、20年前，四大资产管理公司（AMC）在一些收购兼并活动中，也常常遇到类似的问题。

第二，我们要切实注意防控收购特别是杠杆收购过程中可能遇到的风险。收购兼并活动和其他的市场交易活动一样，都会有风险。比如：法律法规的风险，战略决策的风险，企业整合的风险，等等。因此，在收购兼并活动中，收购资金的提供方，包括银行、一些债券的投资者，甚至包括被收购方，对许多问题都需要进行比较深入的、细致的尽职调查，不能马马虎虎。要切实防范一些收购方盲目扩张的心态。盲目地搞高杠杆，简单地搞"蛇吞象"、搞小吞大等，带来的风险都不小，而且这些风险往往还有外溢性。在这个问题上不能简单地类比一些发达国家、成熟资本市场收购兼并活动的情况。比如，有些发达国家的收购兼并活动杠杆率高达80%、90%，甚至更高。在这样的条件下，有些收购活动也挺成功，因此高杠杆收购企业是可以的。但我觉得这样简单地类比我们现在的情况还不行。为什么？因为我们的市场环境不一样。坦率地说，我们的信用环境、法治条件、监管能力也还有不少需要完善和提高的地方。在这些基础性的工作完成之前，也许在杠杆率的控制上，我们必须给予更多的关注。

从市场经验来看，收购兼并的活动很多，但真正成功的、最后效果非常好的，实际上所占的比例并不高。收购兼并活动之所以失败，原因当然是多方面的，其中，收购的杠杆率过高恐怕是其中一个很重要的方面。所以这是我们在研究杠杆收购，特别是在研究杠杆收购用于困境企业重组时，需要特别关注的一个问题。

杨凯生

中国工商银行原行长

机遇、观念与操作

2023 年 11 月 27 日，中国人民银行等八部门联合印发《关于强化金融支持举措 助力民营经济发展壮大的通知》，提出支持民营经济的 25 条具体举措。其中特别强调探索发展高收益债券市场。研究推进高收益债券市场建设，面向科技型中小企业融资需求，建设高收益债券专属平台，设计符合高收益特征的交易机制与系统，加强专业投资者培育，提高市场流动性。2024 年 1 月，金融博物馆和全联并购公会举办了"高收益债券闭门恳谈会"和"杠杆收购闭门恳谈会"，邀请了业界专家和监管领导座谈，希望抓住新的政策机遇，推动这个在全球金融史上具有创新意义的市场空间在中国落地。这本书便是专家研讨的成果。有机遇，需要有观念的启蒙与推广，才能有市场付诸操作。我们曾有多次推动高收益债券市场的机会，但种种原因，终未成功。

2008年，时任中国人民银行副行长苏宁在第6届中国并购年会上宣布中国人民银行积极鼓励并购融资采用更多金融创新工具来丰富中国的资本市场。2009年，中国银监会主席刘明康签发了并购融资的管理规则。由此，发源于20世纪80年代的美国金融自由化运动，在日本引进时曾被称为"金融革命"的并购融资终于艰难地登上中国的金融舞台。从面向历史的以净资产、抵押和担保为依托的传统融资观念，转向以现金流、管理能力和市场创新为依托面向未来的融资观念，将推动金融制度的变革。

金融是一种制度安排，也是一种生活态度。金融的核心是通过各种渠道和金融工具的创造来保证资金在供求双方间的有效流动，提升消费者福利和企业家经营的安全度。在计划经济体制下，消费者和企业家并不能自由交换资源或交换代价极高。四十多年的经济改革、全球化的进程、一大批中小企业的成长等都在推动中国资本市场和金融制度的发展。历史经验证明，经济和市场遇到的困难，是金融制度改革的机会。其中，公司债券市场就曾多次被政策推向前台。

从技术角度看，公司债券不过是一个企业融资工具，只是调剂市场品种的举措。不过，从现实环境和金融历史的角度看，这却可能是一个重要的突破口，中国资本市场的民间性和现代性可能从此展开。要知道，三十年前中国资本市场的破土就从国库券的民间二级流通市场起步。庞大的民间炒作和国库券流通压力迫使监管机构加快筹建上海证券交易所和深圳证券交易所。

2005年，我首次访问位于美国洛杉矶的著名的米尔肯研究所

（Milken Institute）时，迈克尔·米尔肯（Michael Milken）向我介绍了当年他创造高收益债券初期的艰难和推动美国中小企业从困境中复苏的辉煌业绩。他期待高收益债券的市场可以在日本有机会，更希望在中国有空间。2007年，时任中信证券董事长王东明、时任中国银行行长助理朱民和我被安排到中国人民银行总行向几十位行长介绍高收益债券和杠杆收购的历史。我们都做了精心的准备。安排这次活动的时任中国人民银行副行长吴晓灵告诉我们，这次讲座给央行各位行长们带来很大的启发，央行也准备邀请米尔肯来中国交流。但后来因为美国爆发次贷危机，未能成行。不过，我们撰写了业界第一本相关的书——《杠杆收购与垃圾债券：中国机会》（人民邮电出版社，2007）。随着银行提供并购融资和中小企业债券市场的开拓，中国关于高收益债券的讨论越来越多，米尔肯本人也多次来中国演讲。我们也将书稿进行了增补修订，并改名为《高收益债券与杠杆收购：中国机会》再次出版（机械工业出版社，2012）。

要理解中国股权投资和并购市场，先要了解过去四十年美国金融自由化重构美国产业和经济结构的过程：美国经济被后起之秀的日本超越，从传统经济转向互联网经济，1987年的股灾后，美国又重新成为全球金融大国。

要理解现代公司的资本结构和建立资本战略，首先要了解推动公司治理结构的杠杆收购以及支持资本战略的高收益债券，特别是现金流分析的主导过程。这些在商学院教材中的老生常谈，在操作中培育了一批世界级公司，也毁掉了一批企业家和金融家。

要了解我国正在兴起的中小企业债券市场的方向和创新机会，

就要知悉当年美国高收益债券市场的兴衰，体验差异和共性，我们通过比较两国监管理念和措施，判断市场结构和品种利益的走向。本书就是一个重要的参考工具。

有了金融制度变革的观念，我们还需要金融工具的创新。传统的商业银行、保险公司，甚至中国本土投资银行机构都还无法进入高收益债券这样一个全新的市场。中国金融业的中小企业和创新企业是在过去四十年中破土而出的，与传统金融体系没有血脉渊源，而且被监管机构审查得比较严格，只能在有限的自身资本积累、商业信用和少量创业投资基础上建立资本战略。资本饥渴成为它们的发展瓶颈。所以，我们需要垃圾债券这类金融工具的创新，特别是来自民间的创新。

一个拥有最大外汇储备和大众储蓄的经济大国，一个长期保持最高投资水平的发展中大国，资本强制性地通过商业银行和政府主导的金融机构投向政府鼓励的产业和产品，甚至低成本地通过国际金融机构来配置闲置资本，而这些投资又大部分以高价（无论从利息还是从股息来看）投入中国的企业，这样畸形的金融结构需要来自民间资本市场的创新和冲击。

金融创新始终是民间的、市场的创新。监管机构不是创新机构，至多是理解并宽容创新的机构。寄托于监管机构和国有金融机构的工具创新是不现实的。中国的高收益债券和杠杆收购市场应当有巨大的空间。我们希望创业家、企业家和金融家能把握时代的机会，在满足消费者和企业家需求的基础上推动金融工具和市场的创新，也希望监管机构能因势利导重构中国金融制度和市场的微观基础。

在一定条件下，我们能够超越历史。四十多年的高速成长给中国企业家和金融家带来了自信。但是，这些超越更多是建立在推动法治化、市场化和全球化的基础上的。今天，我们需要真正的内在市场动力和制度改变的推动。金融工具的创新是重要的机会之一，我们应该抓住新的机遇，推动现实操作。中国的高收益债券市场和杠杆收购具有重大的发展空间和现实意义。

王巍

全联并购公会创始会长

2024.8.14

导读

杠杆收购与重组需要专业团队

过去多年的工作中，我接触了不少中国和世界其他国家的并购重组案例，最突出的感受，就是在成熟市场中，人们非常看重专业团队的作用。不论是杠杆收购，还是私募股权投资（PE）、风险投资（VC），在成熟市场经过长期发展，都形成了高度专业化的分工，拥有一批专业的团队。专业团队完成的一系列案例，体现了他们在细分领域中的专业知识积累，而这也是投资人信心的主要来源。例如，某个专业投资机构在制造业方面有一个专业团队，团队本身就具备一定的对制造业企业的管理能力，更能够找到合适的管理者人选。这些人才并非在并购项目启动后才开始物色，而是早已在该团队的人才库中了。该团队与人才库中的专业管理者可能已有多年的合作。团队在决定参与某个收购项目的过程中，已经考虑好了什么样的管理者能够管好这个被收购企业，并且和潜在的管理者团队，特别是其中的领军人物已共事多年、非常熟悉。成熟市场中，投资行业的发展历史也比较长，各个细分领域都形成了一批非常专业的投资团队，他们对本领域的情况非常熟悉，甚至如数家珍，比如：过去做了多少案例，每个案例的具体情况，在哪些行业能够找到专业的管理团队，管理团队进入目标企业以后多久可以完全接管，等等。以上就是成熟市场的情况。

目前而言，我国的投资行业发展与成熟市场相比还有一定的差距，行业业态也与成熟市场有些区别。从退出渠道看，我们基本上还是走首次公开募股（IPO）的独木桥，许多机构倾向于抓住上市周期的机会进场。有的进入得更早一些，比如说天使轮，然后A轮、B轮、C轮，一直到 pre IPO（预上市）轮，但总体看都是进场后通过上市退出来获得投资回报。当前在我们的市场中，大家做的事相似度较高，同质化竞争激烈，而在分工专业化和深耕某个细分行业领域这方面与成熟市场还有较大差距。此外，在市场竞争中，对人际关系的依赖程度比较高，很多时候是看哪家机构能在关键环节做通工作。而成熟市场中，投资机构间的竞争更多聚焦于在某个领域谁有更长期的跟踪、更深入的研究、更清晰成熟的策略。要充分认识到我们投资行业发展仍存在的差距。我希望这一认识能对我们的行业发展有所启发，促进我们的投资行业发展更完善，使千军万马过 IPO 独木桥的情况有所转变，从谁跟有关方面的关系更铁，谁在有关部门的话语权更强，向在专业领域深耕研究水平这一方向转变。

另外还存在一个差距，就是收购项目完成后，投资方有时很难按照市场化的方式对企业进行优化重组。我国很多企业的产权结构比较复杂，有的与地方政府、主管部门有千丝万缕的联系，有的还涉及国有股权的一些规定约束等，这意味着尽管投资人希望控股，并通过杠杆收购完成了收购，但进入企业以后，无法完全市场化地对这家企业进行重组，包括人员精简、资产处置等，难以充分重构整个企业的竞争力。这些经营决策的关键机制受限，或是有很高的协调成本，让很多机构在进入这个环节时望而却步。即使少数能量较大、协调能力比较强、关系比较硬的投资人进入了企业管理，也面临重重困难，每走一步都需要履行一定的报批程序，不确定性很大。实际上，这种情况也在一定程度上阻碍了我国投资行业的专业化发展。专业人士的优势，在于他们真的懂这个行业，但有时他们会"战斗力"不够强，沟通协调也并非其强项，如果让他们天天去协调关系以推动事情进展，他们可能未必擅长。从过去的经验看，国内比较成功的投资机构和投资人往往有顽强的毅力，能够一环一环过五关斩六将，克服种种障碍，最终把投资的事情给搞定。但这可能更接近于一种在法制不健全环境下的投行家的精神，其中的利弊得失需要客观分析。

谈到并购融资，我国目前不缺资金，缺的是资本金。要充分认识到在目前阶段直接融资的重要性。从银行放贷的逻辑来讲，如果企业资本金筹不到，那么贷款也上不去。中国金融体系里，比较有资金实力的还是商业银行，尤其是大的商业银行，而且这些商业银行在做特定行业（比如专精特新"小巨人"企业等）贷款的过程中，积累了很多的信息资源，能够发现好的企业。现在的一个问题是，商业银行不能在表内做投贷联动，不能进行股权的风险投资。当前商业银行的做法是通过它的理财子公司，或者是它境外的投行部门来做这些事。但因为归口不同的管理部门，理财子公司和投行部门在和分行合作时有很多信息上的损失，比如说深圳某家大行的分行掌握着很多专精特新企业的信息，除了贷款以外，如果允许它做一些股权投资，它是有积极性的，但让它把相关信息充分共享给总行的理财子公司或者境外投行部门，往往面临一定的阻力。除了商业银行，保险公司也有一定的资金实力，但商业银行在掌握企业信息方面更有优势，如果允许商业银行在一定的条件下做投贷联动，可以一并解决资本金、出资和收购方等多方面的困难。具体来说，可考虑限定几家商业银行，每家商业银行也限定一两家分行试点，允许它们在表内做一些投贷联动的业务，同时限定规模，比如一年可以做 20 亿元或 30 亿元投资额度。具体操作时，要找最有实力的分行，同时考核的期限可以拉长一些，不宜每年都严格考核投资的盈亏业绩。另外，监管方面也可以考虑适当调整股权投资的风险资产权重，提升银行的积极性。现在股权投资行业投资的项目不少，但面临最后退出时缺乏有实力的购买方的问题。让商业银行分行以投贷联动方式开展股权投资，有助于解决企业资本金不足和投资退出难的问题。

易纲

中国人民银行原行长

目　录

第一章
为什么资本结构至关重要

第二章
高收益债券市场在中国的酝酿与机遇

第三章

中国高收益债券市场的结构与分析

第四章

中国高收益债券的发行与风险控制

第五章

美国高收益债券市场的历史与前沿

第六章

杠杆收购的核心要素与公司控股权市场

第七章

杠杆收购的 30 年实战体验

第八章

杠杆收购的相关法律与监管

第九章

并购融资与法律环境

第十章

杠杆收购的案例与分析

为什么资本结构至关重要[①]

[①]　本章作者为米尔肯研究所主席迈克尔·米尔肯（Michael Milken）。米尔肯是美国当代最重要的金融家之一，创建了美国高收益债券市场。本章内容原载于《华尔街日报》，此文由赵优优翻译，王轲校订。

几十年前，美国的商业杂志都声称那些以货币交易为中心的大银行将会失败，并引述投资人士的说法："我再也不会拥有股票了。"与此同时，美国一些地方政府和公用事业似乎处于崩溃的边缘。公司债务往往被低价出售，而赢利的成长型公司难以募集资金。

这一切今天听起来很熟悉，值得记住的是，1974 年也是一个转折点。随着金融机构被经济衰退所削弱，美国公共和私人市场开始取代银行，成为大多数企业融资的来源。债券在 1975—1976 年强劲反弹，为股票市场 75% 的增长提供基础。一些高收益基金实现了非杠杆收益，为期两年的回报率接近 100%。

自 1974 年以来，美国通过资本市场集资的可行性和便利程度不断增加。企业对银行的依赖降低，而银行对始发贷款的持有率不足三分之一。在 2009 年第一季度，许多企业利用绝对低水平的利率在全球债券市场筹集到 8400 亿美元，较 2008 年第一季度增长率超过 100%，这是在这个阶段的市场周期中的典型的增长。正如在 1974 年的经济衰退中，具有投资潜力的公司已经重新开始活跃。一旦出现这种情况，市场将开始为低评级债券开放。BB 级和 B 级公司从而通过新发行的股票、债券和可转换证券进行融资。

这种循环过程正如 1975 年初，当资产负债表开始好转时，具有雄厚资本的公司开始收购其他公司。2008 年，罗氏公司在公开市场筹得超过 400 亿美元用以投入与遗传技术公司的合并。其他公司如奥驰亚（Altria）、HCA、史泰博（Staples）和都乐食品（Dole Foods），都用债券收益还清短期银行债务，加强其资产负债表并帮助银行恢复流动性。当其他资产组衰退时，这些新的企业债券的发行给投资者提供了积极的回报。

笔者与已故的诺贝尔经济学奖得主默顿·米勒（Merton H. Miller）是好友，但我们也长期辩论管理资本结构是不是企业领导者最重要的工作。米勒认为，资本结构对于评估一家公司的证券风险或投资风险并不重要。

笔者相信资本结构对价值和风险都有着显著的影响。当年笔者在毕业论文中就提出这个观点，之后笔者的经历也证实了这一点。理想的资本结构不断演变，成功的企业领导人必须不断考虑 6 个因素——企业及其管理、行业动向、资本市场的状态、经济、政府监管和社会发展趋势。如果这 6 个因素都表明经营风险上升，甚至 1 美元的债务都可能毁掉一个公司。

在过去 40 年，许多企业挣扎于错误的资本结构。在信用扩张周期，企业往往未能建立足够的流动资产以应对不可避免的收缩。而最容易受到打击的是那些收入不稳定的公司。它们在市场衰退期往往以高债务而告终。这样的事 40 年前发生了，20 年前发生了，现在仍在发生。

许多行业的过度杠杆化开始于 20 世纪 60 年代末，尤其是航空航天和技术行业。在 20 世纪 70 年代，人们认为这些企业的投资风险增长，它们的债务证券交易价格大幅下降。但是通过资本市场来去除杠杆效应，也就是凭借免税的股权与债权、债权与债权、资产与债权及现金与债权等多种复杂交易，以较低的成本偿清证券负债，大多数公司避免了违约拖欠，保住了就业机会。（美国国会事后对债务计税基准和清偿折扣价之间的差额征了税。）

发行新的股票自然可以通过两种方式压低股票价值：一是增加供应量，从而降低价格；二是它发出管理层认为股票价格相对其真正价格偏高的信号。相反，一些公司回购自己的股票标志着股票被低估。买回股票，从理论上来说，将减少供应并提高价格。不少金融系学生通过分析信号机制获得了博士学位。但历史已经表明，将调整杠杆化视为公司风险标识的理论是错误的。

比如，美国铝业（Alcoa）和江森自控（Johnson Controls）新的股票发行后，其股价急剧上升。这样的事在过去几十年来屡屡发生。当一家公司利用发行股票或股票关联证券的收入去杠杆化还清债务，信贷风险下降，股票价格普遍上涨。

决定增加或减少杠杆作用取决于市场条件和投资者对债务的接受度。从 20 世纪 70 年代末期到 20 世纪 80 年代中期，债务融资受到普遍青睐。在 20 世纪 80 年代后期，美国股市价值 15 年来首次逾越了诸如厂房和设备等资产负债表上资产的重置成本。这是一个去杠杆化的信号。

笔者在米尔肯研究所的两次论坛中注意到，21 世纪初，许多企业、金融机构和政府再次开始过度使用杠杆。在与包括美国商会等机构之人的接触中，笔者指出当企业通过资产交换减少其固定债务时，对其折扣征收的任何税收最终都会导致就业机会的减少。美国国会在 2009 年的经济刺激法案中做出了回应，推迟 5 年收税，并把负债分摊到下一个 5 年之中，从而使企业可以回购或重叠超过 1000 亿美元的债务来改善它们的资产负债表。这样有助于保住就业机会。

2009 年的这项新的法律，有助于那些在市场下跌的前几年用新的债务和现金错误回购自己股票的公司。2007 年的回购规模超过了 7000 亿美元，达到高峰——到 2009 年这些回购股票的价值已经下降了一半以上，并导致公司评级下调。尤其遭到沉重打击的是一些世界级的大公司（例如通用电气、AIG、美林）、金融机构（如哈特福德金融服务公司、林肯国民、华盛顿互惠）、零售商（如梅西百货、家得宝）、媒体公司（如 CBS、甘尼特）和工业制造商（如伊斯曼柯达、摩托罗拉、施乐）。

如果没有股票回购，这些公司负债很少，并且可以在信贷紧缩期间有更大的灵活性。换句话说，它们的财务问题是自作自受。它们没有以充足的流动性和少量的长期负债进入衰退期，它们的资本结构是错误的。

这一轮的经济衰退始于房地产。正如 1974 年，许多房地产投资信托在不到 1 年的时间里失去了其高达 90% 的价值，因为当利率翻倍的时候它们过于高杠杆而且过于依赖商业票据。这一次的问题则是下列三个因素的组合：房地产相关金融工具的杠杆过高、严重降低承销标准以及与现实脱节的评级。这两个时期出现的情况都源于一种谬论：任何房地产贷款都是好的贷款，房地产价值将一直上升。事实上，在过去的120年当中，有大约40％的时间房价是在下降。

历史不是一个不断重复模式的周期。它更像是一个呈现不同轨道上类似事件的螺旋。但我们所看到的正与20世纪70年代相呼应：企业利用资本市场推延债务期限并还清贷款。这给了它们喘息的余地，并提供了历史会在经济的强劲复苏中重演的希望。

公司大小无所谓，但资本结构总是很重要，而且永远重要。

高收益债券市场在中国的酝酿与机遇①

---

① 本章作者为全联并购公会创始会长、金融博物馆理事长王巍。王巍创建了中国最早的并购顾问公司,帮助大量企业重组、融资、上市和并购。

自 1997 年起，全国金融工作会议每 5 年在北京举办一次，确定金融发展战略定位与目标。2023 年 10 月，在前五届基础上，更名为中央金融工作会议，提出建设"金融强国"的目标，明确提出"做好科技金融、绿色金融、普惠金融、养老金融、数字金融五篇大文章"。2023 年 11 月 27 日，央行等八部门发布了《关于强化金融支持举措 助力民营经济发展壮大的通知》（以下简称"通知"），提出支持民营经济的 25 条具体举措。通知强调要从民营企业融资需求特点出发，着力畅通信贷、债券、股权等多元化融资渠道。其中特别强调探索发展高收益债券市场。研究推进高收益债券市场建设，面向科技型中小企业融资需求，建设高收益债券专属平台，设计符合高收益特征的交易机制与系统，加强专业投资者培育，提高市场流动性。高收益债券市场将在聚焦科创、助力民企等方面发挥金融服务实体经济的重要作用。这应该是第三次引发业界关注高收益债券市场了。

高收益债券和杠杆收购是在 20 世纪 50 年代的美国初露端倪，

20 世纪 80 年代迅速兴起的资本重组手段。经过 20 世纪 90 年代初期一段短暂的蛰伏后，又逐渐进入主流市场而成为当今全球金融不可或缺的基本工具。尽管在中国的资本市场上，不时有企业家和投资者高举杠杆收购的大旗，创造出些许以小吃大、以弱胜强的案例，但究其根本，成败的关键仍取决于巧妙把握体制转换的能力，而并非依赖金融技术的运用。如果通盘审视西方资本市场的格局，没有高收益债券的辅佐，杠杆收购不可能形成气候。中国金融体系中最困难的就是没有高收益债券的土壤和种子，所谓的杠杆收购更多的是煽情的幻觉和自说自话的渲染。

一、美国的金融自由化与高收益债券

20 世纪 60 年代美国经济进入周期性的衰退阶段。越南战争、两次中东石油危机、布雷顿森林体系的崩溃等国际环境，物价上涨、财政赤字和失业严重等国内因素，使得在二战后长达 20 年的繁荣里生存的美国民众和企业面临空前的压力。特别是衰退中的企业大幅削减投资，其不动产和股票价值也急剧下降，进一步打击了银行界的信心。银行普遍紧缩信贷，将客户集中于少数大企业。1974 年的年度贷款额比上一年下降了 20%，是二战后最为严重的萎缩。限于利率管制政策，吸收存款的成本大大超过贷款收益，而且投资资本市场的收益也大大高于存款收益，因此，社会资金开始从银行界倒流直接进入资本市场投资债券和股票，这就是当时所称的"脱媒"（disinter mediation）现象。

第二次世界大战以来受到高度管制的美国商业银行界面临生存危机。美国银行危机使美国企业的融资环境进一步恶化，特别是大量中小企业无法从银行获得正常经营所需的资金，直接影响了消费品生产、就业和税收总量，美国经济进入长达十年的"滞胀"阶段，即在高通货膨胀的同时，又有高失业率。此时，里根总统上台，立即实行了自由主义的经济政策，推行金融改革，浮动利率水平，降低税收，特别是为鼓励投资对负债减免税收。这一政策直接促进了公司债券市场的繁荣。

在经历了 20 世纪 30 年代大萧条的打击后，整整一代美国人对陷入负债破产的悲惨境况记忆犹新，对任何形式的负债都深恶痛绝，公司负债长期保持在 6% 的水平之下。直到 20 世纪 60 年代，崇尚管理资本主义的新一代企业家们才渐渐关注负债结构对公司价值的意义。著名的金融学家米勒（Miller）和莫迪格利安尼（Modigliani）在 1959 年提出观点，认为在现实市场中，基于税收和破产成本等因素，企业的股本与负债的结构不同将影响企业的市场价值。此后，詹森（Jensen）和梅克林（Meckling）又在 1976 的论文中强调用负债代替多余的股本将给企业经理以压力，能提高公司价值。[①] 这些论点都推动了当时金融经济学思考框架的建立。

但是，最重要的思考来自商业人士。迈克尔·米尔肯是直接推动了 20 世纪 80 年代美国融资并购高潮的人物，他设计并推广的高

---

① Glenn Yago and Susanne Trimbath. Beyond Junk Bonds: Expanding High Yield Markets ［M］. Oxford University Press, 2003.

收益债券（high yield bonds，也被称为垃圾债券）成为敌意收购和杠杆收购的核心工具。迈克尔·米尔肯是费城一家小型投资银行的债券分析员，他在大量分析几乎被市场遗忘的一些落入资信评级最低级别的公司债券后，认为这些债券实际上是"坠落的天使"，它们实际上是高收益债券，长期投资的收益会高于许多蓝筹优质股票。而且，米尔肯身体力行，直接操作这些被认为是垃圾的债券。十几年下来，米尔肯在高收益债券上几乎单枪匹马地创造出了一个完整的交易市场：他知道谁拥有多少高收益债券，知道谁会投资高收益债券，知道谁愿意在什么价格上转让或短期持有。对 20 世纪 80 年代中期的华尔街来说，米尔肯就是高收益债券市场的"国王"，他每天都有超过 1000 亿美元的头寸。[①]

高收益债券的一个直接起因是当时里根政府实施的债务免息政策，公司股息不能减免，而债务利息支付则可以全部减免。因此，用借贷资金购买公司资产就意味着可以把很多成本转嫁给联邦政府，大大激励了企业提高资本结构中负债的比率。不同于股票，公司债券是可以计算的商业契约，根据市场利率、期限、品种和可转换性等技术指标随时定价交易。而且，高收益债券也能根据需求方和投资方双方的不同要求随时设计、随时创造、随时交易。高收益债券的产生既丰富了投资者的选择，也扩大了资本市场的规模总量。更为重要的是，高收益债券已经从解决公司流动资金头寸或扩大经营的融资工具迅速演变为收购公司的"弹药库"。米尔肯和科

---

① Connie Bruck. The Predators' Ball ［M］. Penguin Books, 1989.

尔伯格·克拉维斯·罗伯茨（Kohlberg Kravis Roberts & Co. L.P.，简称KKR）帮助包括美国有线电视新闻网（Cable News Network，CNN）在内的今天大家耳熟能详的一大批通信、光学等行业的科技企业以及消费娱乐行业的公司融资并发展壮大。所以当美国证券交易委员会调查米尔肯时，美国三大报纸的广告版同时发布：米尔肯，我们相信你！有200多名美国著名企业家要替他申冤，因为他支持过一大批中小企业。通过他的推动，新兴产业崛起，这是高收益债券当年在美国起的重大作用。有一个粗略的统计，美国高收益债券大概动员了将近2000亿美元投入新兴产业。今天看来金额不大，可是20世纪80年代的2000亿美元，相当于今天的几万亿美元。试想一下，仅仅米尔肯这一批人就动员了几万亿美元的资金去推动创新产业，这就是高收益债券起的作用。

根据专门从事高收益债券研究的米尔肯研究所经济学家格伦·雅戈（Glenn Yago）的分析，高收益债券在20世纪80年代对美国经济至少有两个大的贡献。

第一，推动了中小企业的融资和创新活动。长期垄断着美国公司债券市场的发行主体不过是800家大型公司，只有高收益债券的大量创造才使得20世纪80年代几千家中小企业通过债券融资进入主流市场。许多医药、半导体、通信、网络、电视等新兴企业和产业得到了以高收益债券为主体的长期资本的支持。

第二，激励了公司重组活动，改善了公司的经营效率和公司治理水平。在1983—1989年高收益债券活跃时期，有5797亿美元（大约相当于高收益债券总发行量的32%）的融资被用于公司收购活动。这些收购活动不仅使具有竞争能力的管理者控制了资源，也使传统产业的更新和转移得以实现。①

值得指出的是，高收益债券市场在形成初期不过是在管制之外的民间交易，也为贵族般的几大商业银行和投资银行所不屑，似乎是鸡鸣狗盗的勾当。但是，米尔肯等人坚持不懈的努力赢得了大批中小企业和偏好风险的投资者的支持，也获得了保险机构、信托机构和养老金机构的加盟，最终，高收益债券市场带来的巨大利益迫使所有金融机构都追随而来，终于在 20 世纪 80 年代末期成为真正的主流。即便在 20 世纪 90 年代初期，高收益债券市场曾一度低迷，但最终又逐渐恢复成为今天美国资本市场的重要组成部分。

二、金融深化与金融家精神

传统的发展经济学强调资本积累在经济发展中的决定性作用。在哈罗德－多马模型中，资本积累被看作经济增长的决定因素。刘易斯的"二元经济结构论"也认为经济发展的核心问题是提高资本形成率。但是，20 世纪 70 年代初期新一代的发展经济学家罗纳德·麦金农（Ronald I. Mckinnon）和爱德华·萧（Edward S. Shaw）则认为，发展中国家的资本并不匮乏，而是金融市场的利率扭曲造成了资本效率低下，抑制了经济增长。麦金农进而提出金融资产积累与资本积累之间存在"互补效应"而不是传统货币主义的"替代

① Glenn Yago and Susanne Trimbath.Beyond Junk Bonds:Expanding High Yield Markets [M]. Oxford University Press, 2003.

效应"，提倡金融管制部门应当将利率市场化，激励金融资产的总量提升，减少金融抑制。①

多年来，中国金融体制改革的一个基本主张便是推动利率的市场化和金融资产的深化，笔者曾在 1985 年将麦金农和萧的"金融中介论"基本观点引进国内，以开拓当时国内金融体制改革的视野。②改革开放的四十多年来，中国经济取得了令全球瞩目的高速增长的成绩，中国金融资产总量已经大幅提升，而且也超出了金融深化的一般指标。国际通用的指标 M2（货币供应量）/GDP（国内生产总值）在 2022 年达到 220%，明显高出同时期的发达国家（美国为 84%）和发展中国家。当然，中美两国的金融市场结构不同，我们更加依赖银行融资，美国更加依赖资本市场融资。但是，中国企业特别是中小企业难以获得金融市场的正常资源和需承担高昂的融资成本却是众所周知的事实，也是历年政府政策高度关注的焦点和市场顽症。中国经济中广泛存在的金融压抑成为近年来各界讨论的主题。

全国人大财经委副主任委员、中国人民银行原副行长吴晓灵在 2006 年 3 月出席中国金融转型与发展论坛时指出，国内企业和公民可供选择的投融资渠道有限，没有充分的自主权，金融机构能满足社会金融服务需求的程度还比较低，存在着金融压抑的现象，这是造成中国金融发展现状与中国经济发展现状不匹配的根源。吴晓灵直言，中国经济的持续健康发展必须伴随放松金融管制，她特别

---

① 丁从明，陈仲常.金融深化、资本深化及其互补性研究［J］.财经研究，2006（1）.
② 王巍，童君扬.麦金农－萧的"金融中介论"［J］.金融研究，1985（3）.

提到观察金融压抑不仅要看到金融的深度，还要看到金融的广度。[①]
主导金融体制改革多年的中央银行终于真正意识到金融管制之外的
市场空间，而且积极地讨论民间金融的合理性。

中国金融界一个重要的观念误区便是对待民间金融的态度。长
期以来，无论官方还是民间谈及民间金融都十分审慎，非法集资、
体外循环、地下钱庄等词汇往往习惯性地与民间金融画等号，涉及
民间金融的机构和个人动辄得咎，声名不佳。事实上，那些积极、
创新的民间金融不过是管制之外的金融，并不是非法金融。

市场的发展是一个长期的过程，金融进入管制也是一个阶段性
的现实。基于市场需求、成本、创新和技术等多种考量，金融工具
和金融过程进入政府管制的范围和方式应当是不同经济发展环境和
政策的选择，是不断变化的。管制外金融的广泛存在和蓬勃发展应
当是经济发展的福音和伴生现象，断不应被视为洪水猛兽而大加讨
伐。没有民间金融的丰厚土壤，就不会有真正的资本市场的发展，
也不会有企业家和金融家的产生。这是西方几百年金融历史所印证
的经验，也是20多年来中国经济高速增长的现实写照。

三、金融市场的驱动

在宏观政策确定之后，技术路径可以成为主导成败的因素。以
笔者经验，中国的金融制度大体经历了两个阶段。第一阶段是新中

---

① 吴晓灵.进一步放松金融管制，给市场更多融资自主权［J］.南方金融，2006（4）.

国成立后形成的金融管理军事化，各种特征，无须赘言。20世纪80年代后则进入了以精英设计为特征的第二阶段：一批充满改革激情的有识之士、政府的高级官员、各类学术领袖们所参与的精英设计。这样的设计具有非常强烈的理性色彩，追随国际标准和全球潮流，以长远全局利益为宗旨，倾向用理性思考来设计，并推出金融改革方案。

当然还应该走到第三个阶段，即开放市场，靠竞争形成中国的金融市场，在竞争中形成金融体系。诚然，市场竞争也同样会有很多问题。但市场发展中的错误与没有市场的错误，性质是完全不同的，不能放在同一层面上来谈。不能用市场中存在的错误来否定市场机制，这个道理就如同不能用政府犯的某些错误否定政府本身一样。

怎样来实现这一点呢？美国20世纪80年代曾有过一个金融"脱媒"阶段，民间资金退出管制下的金融体系，通过各种方式直接进入市场。当时，美国经济一塌糊涂，又停滞，又通胀，整个金融界在二十世纪二三十年代建立的基础已经完全崩溃了。针对"脱媒"的局面，里根政府大搞金融自由化，缩小银行管制范围，开放民间金融，从而挽救了整个金融体系，保证了长达20年的增长。金融机构首先是企业，按市场供求规则生存，其次才是特殊企业，参与调剂市场总供求水平。至于改革需要什么方案，市场有自己的行为，有自组织能力，自然会在竞争中形成很多适应环境发展的金融框架和工具。

现在中国的民营资本进入银行业，必须到监管部门去证明自身历史是清白的，现在是守规的，几年以后赢利状况会怎样，有多大的规模，等等，才能得到"准生证"。仿佛从"怀孕"那天起，就必须不断向社会证明孩子将来的发展，父母是身心健康、品行端正的，这个孩子能当科学家，能对社会有用处，否则就不能"怀孕"，甚至要立即"堕胎"。中国如果一直没有在市场中建立由民营操作的金融机构，可能很难制造出一个与全球化接轨的现代金融制度。向民间放开金融市场才有利于形成竞争环境，金融体制须通过竞争才能慢慢地成形。政府只要逐渐放开管制，金融家精神就会自然迸发出来，中国的金融家就会很快走进全球的视野。

四、民营经济与金融家新生

目前，我国金融领域的市场化程度远远落后于其他领域。金融与国家经济安全密切相关，更多依靠行政式的管理，比如银行家的任命等。价格（利率、汇率）主要由国家确定，资金来源（财政拨款、注资）由国家提供，资金用途（比如产业流向、企业流向等）包括给国有企业输血都由国家安排。在这样的市场环境中，缺乏产生真正的金融家的土壤。

笔者始终认为，中国的金融家是在企业家里面，而不是在金融业里面。大量的民营企业家，什么资源都没有。他们通过种种金融手段，把企业做得风生水起。他们其实都是金融家，只是名分得不到承认。什么叫金融家？只要面向市场提供金融服务，就是金融家。欧洲的两大银行体系，一个是巴林银行，为英国女王提供金融服务；一个是罗斯柴尔德银行，为法国拿破仑王朝提供服务。这些金融家族同样曾给皇家提供服务，但经过一二百年的工业革命就变成真正的银行了。20 年来，中国企业家在市场非常困难的情况下，取得了令全世界瞩目的成就，成长起来一大批如华为、海尔、TCL、联想等优秀企业群体。只要给予开放的环境，中国的金融家就一定能在市场上取得大成就。

市场经济条件下，金融体制的核心不是产权问题，而是资源的有效配置问题。任何社会增长的核心动力都始终是处于创新过程中的中小企业，所有优秀的大企业都是从中小企业中发展起来的。金融制度的要点在于两个问题：中小企业获得正常资本资源的途径是否畅通，中小企业获得资本的成本是否合理。途径与成本是衡量一个社会金融体制有效性的根本指标。目前我国金融体系主要还是"抓大放小"，大部分金融机构将重心放在大型企业集团客户上。当我们大多数的金融工具都是基于批量交易的设计时，当我们的金融政策更为关注配合整个社会的产权改革等非金融需求时，这个金融制度的软肋就显而易见了。

建设有效的融资途径和降低融资成本应当是中国金融体制改革的真正重心，这个过程需要政府监管部门的推动，更需要市场力量的推动。中国的企业家和未来的金融家群体将在金融体制改革的过程中大批涌现出来。20 世纪 70 年代以前的美国金融业同样是管制盛行，金融创新步履维艰，企业融资十分困难。但是，经济国际化的压力、日本经济的崛起、技术革命等因素迫使美国管制部门顺应大势开放金融体系，允许市场的力量推动企业融资行为，一大批金融家和企业家纷纷摒弃主流工具和渠道，尝试全新的融资方式，高收益债券和杠杆收购便应运而生，从而启动了一次融资革命。回顾并学习这个过程有助于我们把握中国金融市场的未来动向，思考中国金融体制改革的市场路径。

五、若干建议

第一，观念启蒙，去污名化要去阴谋论。高收益债券和杠杆收购在当年的美国也被认为是垃圾债券和野蛮掠夺性的收购。在当下的中国市场上，更需要了解这些金融创新在历史上的合理地位和重要意义。金融创新是工具创新和商业模式创新，工具和模式是中性的，但使用的人可能会出现问题，有可能出现金融诈骗和内幕交易等负面的应用，这需要制度与法治的跟进，不能简单归结到工具与模式本身。

第二，从交易到发行。高收益债券的核心是发债企业的运营、投资群体的认可和支持高收益债券的交易机制，这是市场选择的空间和机制，是我们推动高收益债券市场的动力。目前的中国高收益债券市场只是建立在债券收益水平上的概念，局限在二级市场的交易，并没有涉及核心层面，可以说，还没有真正起步。必须将高收益债券的关注点从二级市场转向发行市场。要鼓励企业和金融中介机构自下而上地创造高收益债券，鼓励民营企业进入这个市场，鼓励可以承受高风险的投资者进入这个市场。

第三，监管机构支持发展并选择试点。在发行上，鼓励有条件有潜力的中小企业与金融中介机构联合设计高收益债券。在交易上，鼓励上海、深圳和北京的交易所划出特定板块，或者由地方政府交易所试行，专门交易高收益债券。在投资上，鼓励创立高收益债券投资基金，在现有基金结构上增加投资高收益债券的比例。

03 第三章
Chapter 3

中国高收益债券市场的结构与分析①

———————————

① 本章作者为北京鼎诺投资管理有限公司董事长张志军。张志军，日内瓦大学应用金融学博士，曾任联合信用评级有限公司总经理。

高收益债券的概念源于美国，国际上认为信用评级低于投资级（标普评级在 BBB– 以下，穆迪评级在 Baa3 以下），或者无评级的债券为高收益债券。但国际经验并不适用于中国国内信用债券市场。由于国内评级机构给出的债项评级整体偏高，并不满足近似的正态分布，无法有效地区分债券资质，因此国内目前是从绝对收益率、收益率相对利差、隐含评级等划分方式来定义高收益债券，一般将到期 / 行权收益率 ≥ 6% 的债券定义为高收益债券。

一、境内高收益债券一级市场情况

2019 年以来，境内信用债券发行规模显著增加，而高收益债券占比大幅减少。2023 年国内高收益债券发行 1402 只，合计发行规模 8981 亿元（图 3.1），仅占同期信用债券发行规模的 7%（图 3.2）。

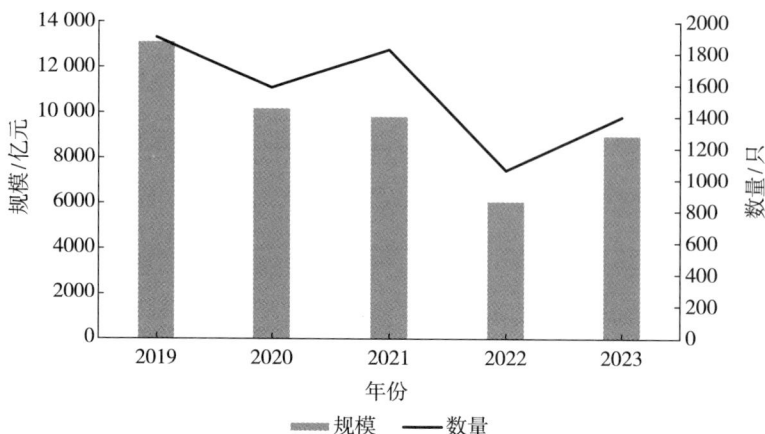

图 3.1　2019—2023 年一级市场高收益债发行规模

数据来源：财汇预警通，Wind。

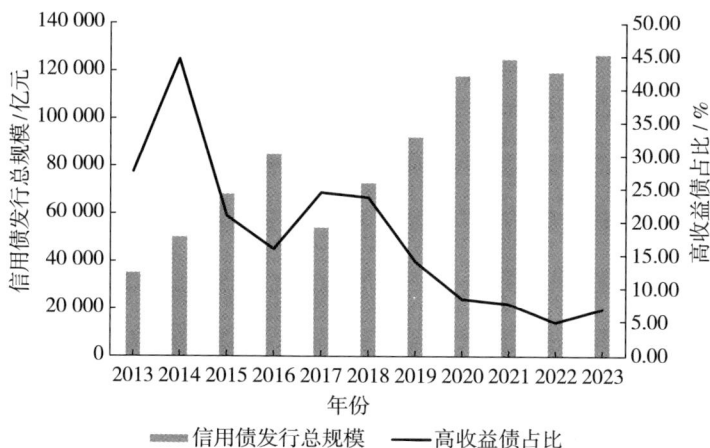

图 3.2　2013—2023 年信用债发行规模及高收益债占比

数据来源：Wind。

增量高收益债券主要来自城投平台。2023 年，高收益债券发行规模同比增加 2917 亿元，其中高收益城市投资债券（以下简称城投债）增加 2759 亿元，占同比增量的 95%。高收益城投债发行规模大幅增长主要有以下三方面原因。一是受 2021 年底城投债分档严监管影响，城投发债融资全面收紧，导致 2022 年城投平台发债规模基数较低；二是 2023 年到期规模较大，借新还旧需求增加；三是受宏观利率影响，2022 年 11 月之后很多城投债选择推后发行，直到 2023 年 3 月份利率下行才进行集中投放，从而导致 2023 年城投债发行规模增大。

相较于城投债，其他行业高收益债券发行规模较小，地产行业基本退出高收益债券发行行列。2021 年以前，地产行业是仅次于城投平台的第二大高收益债券发债行业，2021 年发行规模为 702 亿元，此后随着"三道红线"和贷款集中度管理等政策的实施，房地产行业进入下行周期，截至 2024 年，调整已接近 3 年，但仍未有明显企稳复苏态势。2021 年上半年以来，华夏幸福、蓝光发展、恒大等一批大中型民营房企进入债务展期或违约阶段。2022 年 11 月出台的《关于做好当前金融支持房地产市场平稳健康发展工作的通知》（以下简称金融 16 条）和民企融资"三支箭"改善了民营房企融资难的局面，但在政策后续执行的过程中，受到多方面因素的制约，最终并未落到实处，从而导致更多民营房企在销售下滑、项目资金监管且融资停滞的情况下，最终加入债务展期的行列。同时最早一批展期房企进入二展、三展阶段，导致金融机构对民营房企融资的进一步收紧，从而形成恶性循环，地产行业发债难度越来越大，从 2020 年的 5884 亿元收缩至 2023 年的 4437 亿元，其中高收益地产债发行量压缩至 27 亿元。从发行人结构上看，地方国资房企发债规模逆势增长，但民企和公众企业受行业形势拖累，债券融资渠道急剧收缩，由 2020 年的 2952 亿元大幅减少至 2023 年的 531 亿元，降幅将近 82%。高收益地产债中民企收缩的态势更为明显，由 2020 年 907 亿元的发行规模，断崖式下跌至 2023 年的 27 亿元（图 3.3），民营房企持续处于债券融资净偿还的状态，资金链大幅承压。

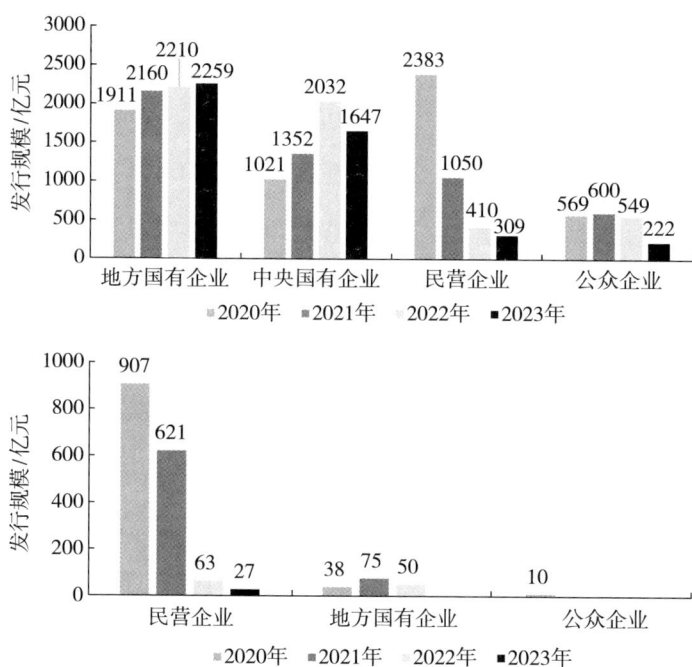

图 3.3　境内地产债一级发行规模

注：此处地产债不包括资产证券化产品。

数据来源：财汇预警通。

除城投以外，2023 年高收益债券发行规模相对较大的是投资控股型企业，发行规模 663 亿元（图 3.4）。投资控股企业主要为地方国资投资平台，与城投公司在功能上有所重叠，虽未将其纳入城

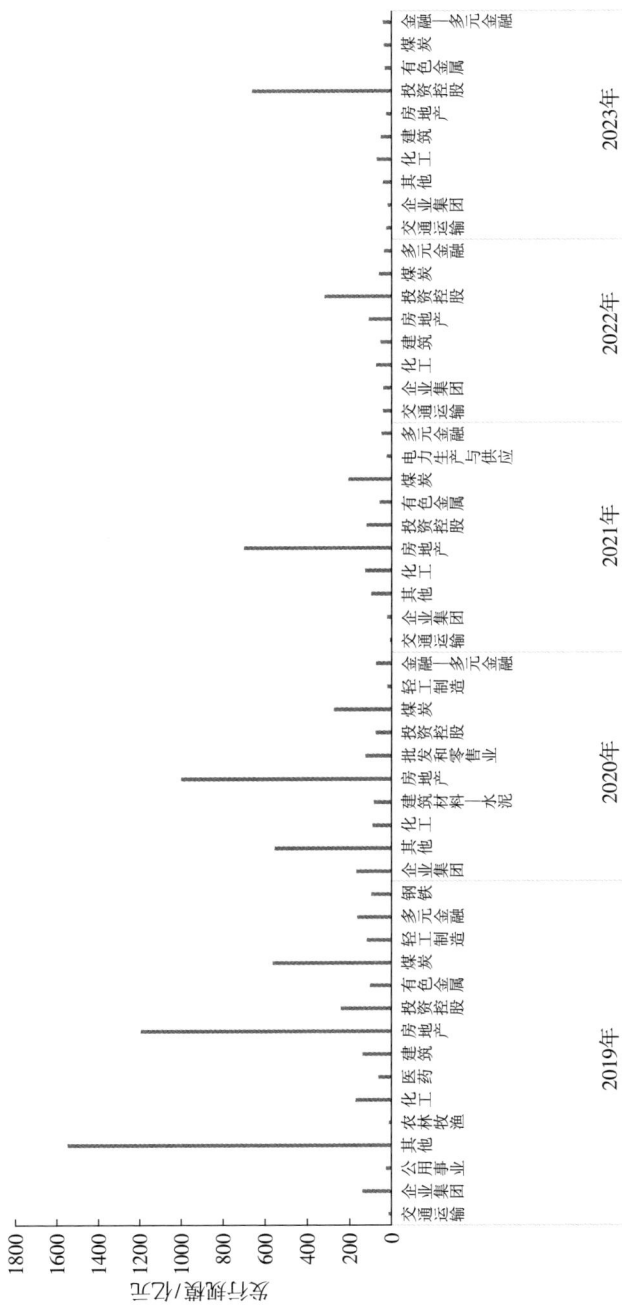

图 3.4　近 5 年高收益债券发行规模分行业分布（除城投外）

数据来源：财汇预警通。

投范畴，但部分投控企业实则承担着城投公司的职责。

整体来看，城投占绝对多数的发行结构难以维持。在各地城投公司缩减债务的大趋势之下，城投高收益债券将显著减少，若没有新行业、新主体进入债券市场，高收益债券一级市场将难改收缩的态势。

二、境内高收益债券二级市场情况

（一）存量情况

近两年，二级高收益债券市场总体规模及数量虽有所下降，但仍维持在 3 万亿元以上的水平。截至 2023 年末，国内二级高收益债券市场存量[①] 规模为 3.6 万亿，存续债券 5378 只，涉及主体 1714 个（图 3.5）。二级市场高收益债券仍以城投债和地产债为主，整体存量规模的下降主要源于二者规模的下滑。一方面，2023 年以来，化债背景下特殊再融资债券持续发行，万亿元国债获准增发，地方政府及融资平台在获得增量资金以后提前兑付高收益城投债的节奏加快，且多数高票息债券在回售日普遍调降票面利率，化债叠加资产荒导致高收益城投债存续规模迅速下降。另一方面，部分高收益地产债陆续到期兑付或展期，也使得存量高收益地产债规模压缩。此外由于统计口径的原因，部分展期 / 违约债在 2023 年没有成交，因此未纳入高收益债券存量范畴。分交易场所看，上交所

---

① 本文对于高收益债券存量的统计口径为过去一年在二级市场有过行权 / 到期收益率 ≥ 6% 的成交记录的存量债券。

（含固收平台和竞价系统）、银行间、深交所（含固收平台和综合协
议交易平台）高收益债券规模分别为 21 317 亿元、12 541 亿元和
2137 亿元，场外市场规模占比约 35%（图 3.6）。

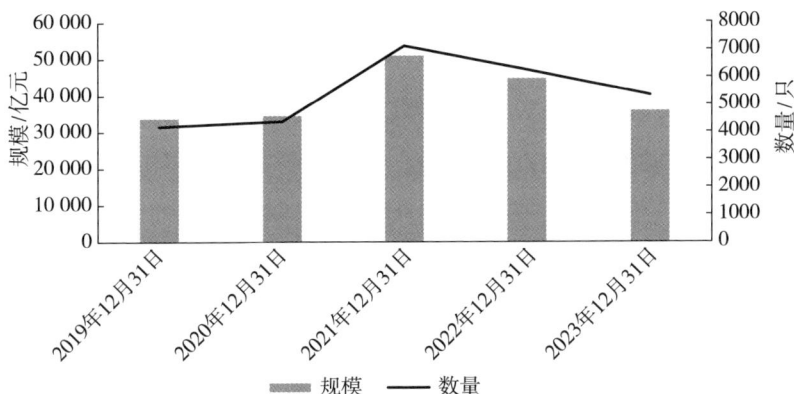

图 3.5　2019 年以来二级市场高收益债券数量及规模分布

数据来源：财汇预警通，Wind。

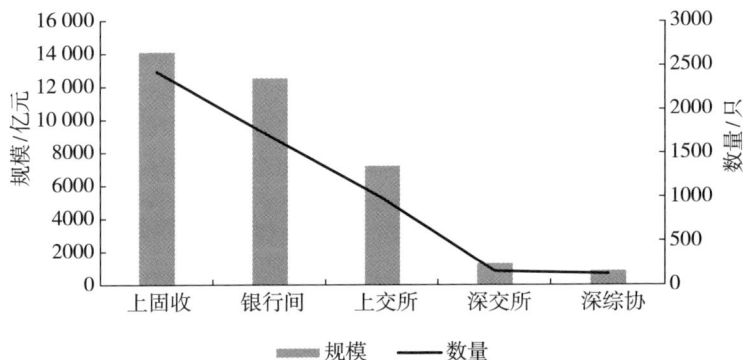

图 3.6　2023 年二级高收益债券规模分布——分交易场所

数据来源：财汇预警通，Wind。

从行业分布来看，2021 年以来，存量高收益债券主要集中于城
投、金融和房地产（图 3.7），金融行业高收益债券主要为资产支持

证券和"二永债"（二级资本债和永续债）。趋势上看，高收益城投债、金融债和地产债规模同比均有所下降，尤以地产债下滑幅度最大。城投债方面，如前文所述，化债叠加资产荒背景下高收益城投债规模迅速压缩，存续规模于 2021 年达到阶段性高点 2.99 万亿，截至 2023 年末规模降至 2.5 万亿。金融债方面，受 2022 年末理财赎回潮影响，银行"二永债"利差大幅上行，之后虽然有所回落，但当下城投债化债压力及过去存量地产敞口对部分金融机构信用仍构成较大压力，高收益金融债整体仍保有一定规模，截至 2023 年末为 0.52 万亿。地产债方面，在一级市场新发受阻，二级市场存续或陆续到期或陆续展期的现状下，高收益地产债的规模大幅下滑，截至 2023 年末为 0.27 万亿元，同比下降约 43%。

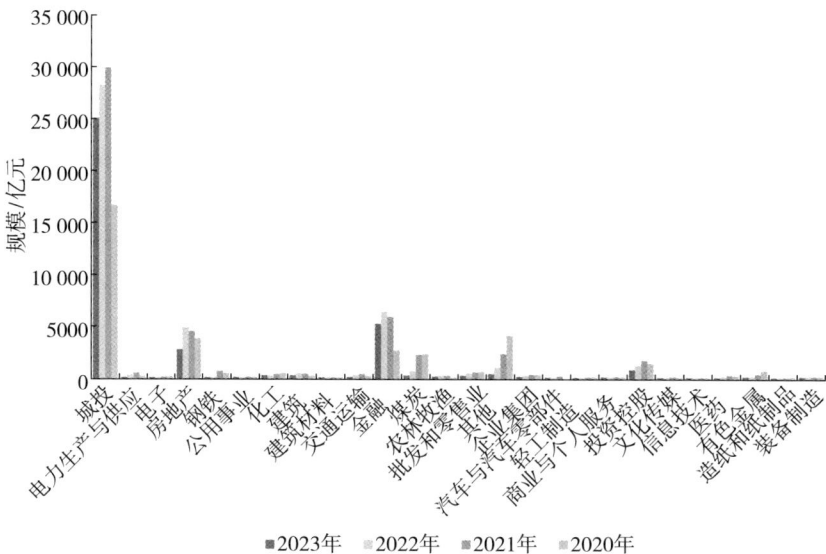

图 3.7　二级市场高收益债券存量规模分布——分行业

数据来源：财汇预警通，Wind。

从主体性质上看，存量高收益债券以地方国有企业为主，民营企业、公众企业为辅，地方国企占比高达 81%，主体级别上仍以 AAA、AA+、AA 三个最高等级为主，评级的前瞻性和预警性依旧不足。从发债企业性质来看，截至 2023 年末，地方国企高收益债券存续规模为 2.9 万亿（图 3.8），占存量高收益债券市场总规模的比重进一步上升至 81%，民营企业占比受地产债影响持续下降。从级别分布来看，高收益债券的信用级别仍主要集中在 AAA、AA+ 和 AA 这三个级别中，三者规模合计 3.43 万亿，占比 95%，其中 AAA 级存续规模为 0.99 万亿（图 3.9），占比 28%，评级结果的警示作用依然不足以参考。

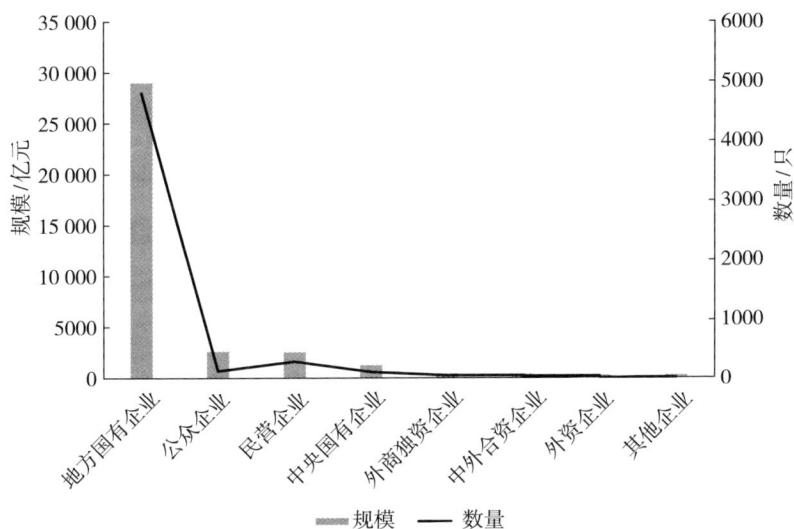

图 3.8　2023 年二级市场高收益债券存量规模分布——分企业属性

数据来源：财汇预警通，Wind。

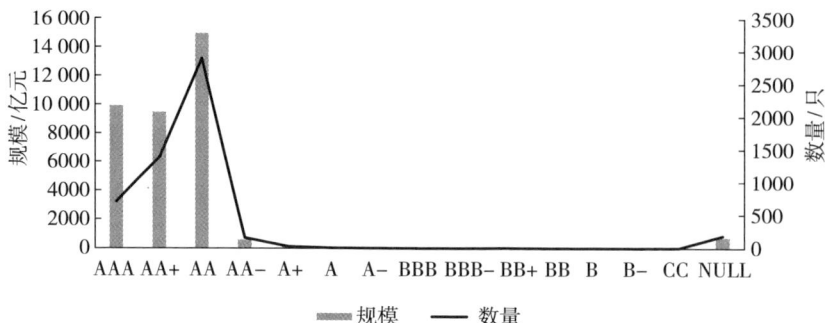

图 3.9　2023 年二级市场高收益债券存量规模分布——分主体评级

数据来源：财汇预警通，Wind。

（二）成交情况

近年来，二级高收益债券市场月成交规模不断攀升，2023 年月成交规模均维持在 3000 亿以上，年内最高触及 6000 多亿元，创近四年来新高（图 3.10）。分行业来看，高收益债券整体规模的上升主要受城投债增长的驱动，四年间高收益城投债月成交规模从 500 亿元跃升至接近 2500 亿元，翻了 5 倍，而地产债和其他行业高收益债券成交规模在经历两年增长之后已回归到 2020 年初的水平。2023 年高收益债券总成交规模为 4.97 万亿元，同比增长 29%，其中城投债成交规模 3.96 万亿元，同比增长 33%，地产债成交规模 0.18 万亿元，同比下降 30%。2023 年高收益债券市场活跃度进一步提升，月成交金额均保持在 3000 亿元以上，除 12 月以外均高于去年同期。行业分布上，高收益城投债近四年来增速较快，月成交规模从 2020 年初的 500 亿元大幅增至 2444 亿元，将近翻了五倍（图 3.11）。然而在城投债化债政策的持续推动下，2023 年 10 月以来高收益城投债成交规模迅速下降，月成交规模有所回落。地产债方面,随着存续高收益地产债规模的下降,地产债的二级成交也在 2022 年 11 月达到阶段性高点之后开始下降,全年平均月成交规模为 151 亿元。

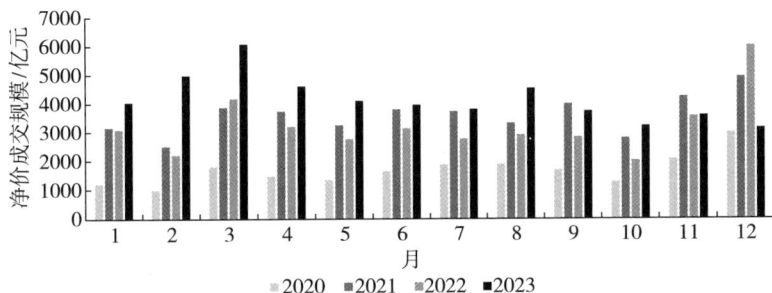

图 3.10 2020—2023 年高收益债券月成交规模对比

数据来源:财汇预警通,Wind。

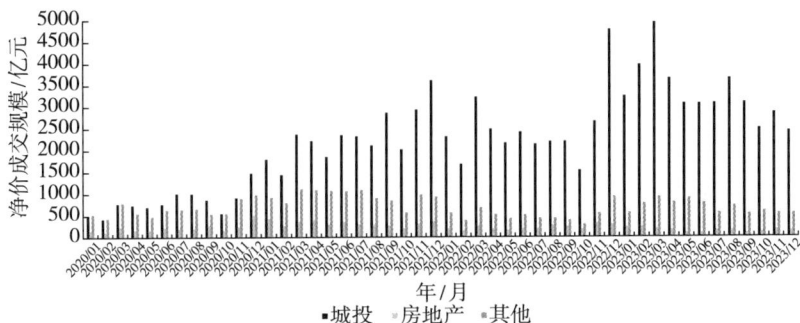

图 3.11 2020—2023 年高收益债券月成交规模——分行业

数据来源:财汇预警通,Wind。

收益率方面,高收益债券市场成交收益率以 [6%,8%] 区间为主,成交规模占比约 80%(图 3.12),该收益区间债券以城投债为主;(8%,10%]、(10%,15%] 和 (15%,20%] 收益区间的高收益债券规模占比不断压缩,20% 以上超高收益债券规模占比抬升,主要为地产债。受化债影响，城投债收益率被压缩到了极致，8%收益以上的成交规模占比已经从最高约30%骤降至10%（图3.13），择券空间变小。而另一方面，地产债则在行业基本面未有大幅改善的情况下，整体收益率依旧维持在高位，其中20%以上超高收益债券规模占比维持在50%以上（图3.14）。

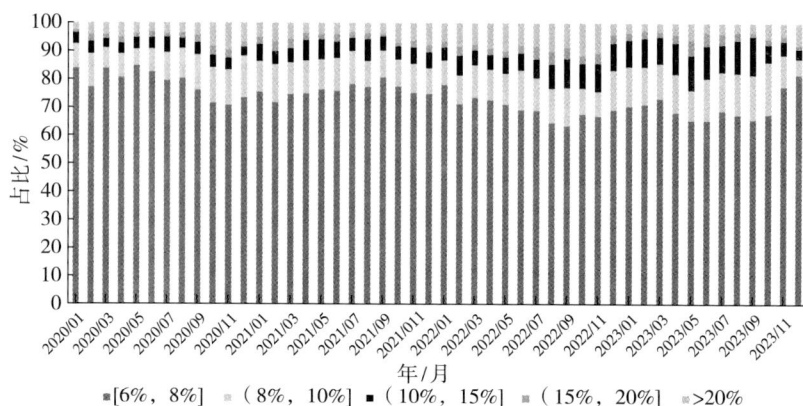

图 3.12 二级市场高收益债券成交收益率结构分布

数据来源：财汇预警通，Wind。

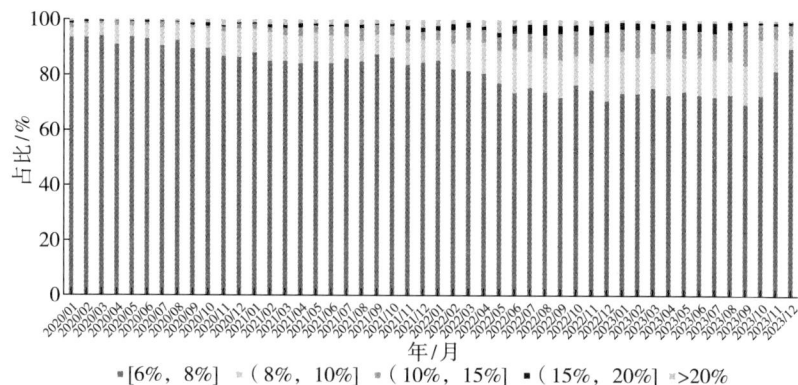

图 3.13 高收益城投债收益结构变化

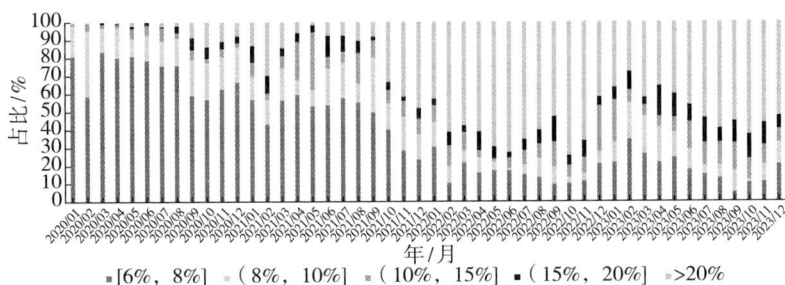

图 3.14　高收益地产债收益结构变化

数据来源：财汇预警通，Wind。

（三）高收益城投债存量与成交

城投债方面，2023 年城投债二级市场成交金额超 22 万亿元，同比增长近 30%；其中高收益城投债成交金额超 3 万亿元，同比亦增长超过 30%；高收益城投债成交金额占比变化不大（图 3.15）。

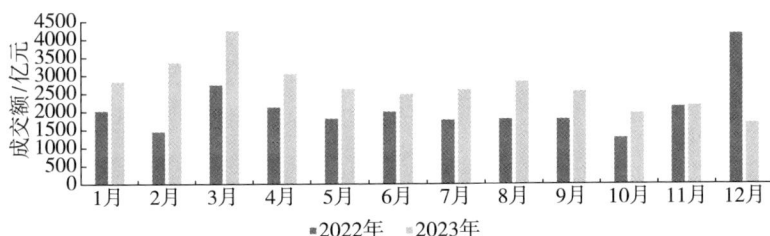

图 3.15　2022 年和 2023 年各月份高收益城投债二级市场成交额对比

资料来源：财汇预警通。

分省份来看，2023 年高收益城投债二级成交额前五大省份（自治区、直辖市）合计占比约 56%，同比小幅提升约 4 个百分点，但不同省份占比发生较大变化。具体来看，山东省高收益城投债成交额占比仍维持第一，天津市高收益城投债成交额占比从第五上升至第二，提升约 6 个百分点；江苏省高收益城投债成交额占比从第二大幅下滑至第六；第三和第四名仍分别是四川省和重庆市；广西壮族自治区高收益城投债成交额占比小幅下滑，云南省高收益城投债成交额占比则大幅增长（图 3.16）。

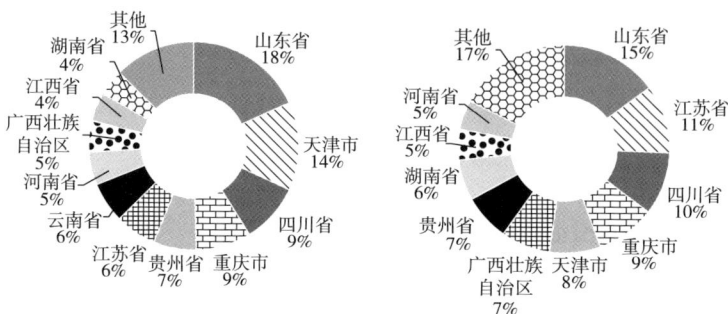

图 3.16　2022 年（左）和 2023 年（右）高收益城投债主要省份二级成交额占比
资料来源：财汇预警通。

从收益区间来看，2023 年，高收益城投债成交收益区间仍主要集中在 6%—10%，其中 6%—8% 和 8%—10% 两个区间成交额同比均有所放量，但占比变化不大，合计占比近 90%；收益率在 15% 以上的高收益城投债的成交额和占比则均有小幅下滑，规模仅千亿左右，占比约 3%（图 3.17）。

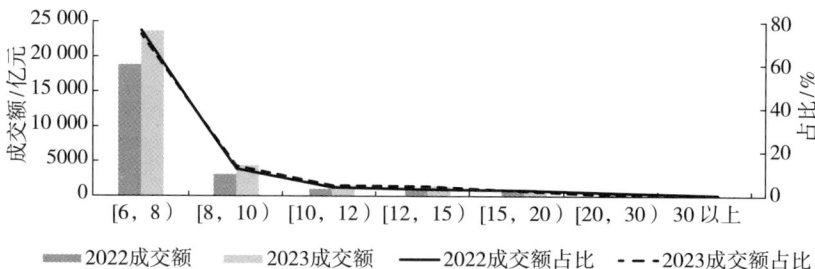

图 3.17　2022 年和 2023 年高收益城投
资料来源：财汇预警通。

从高收益城投债主要省份各收益区间二级市场成交额占比变化上来看，与 2022 年相比，除四川省、云南省和广西壮族自治区外，其余高收益城投债主要省份各收益区间二级成交额占比增减变化均在 5 个百分点内；四川省 6%—8% 收益区间二级成交额占比下降约 4 个百分点，同时 8%—10% 收益区间二级成交额占比上升约 5 个百分点；云南省 6%—8% 收益区间二级成交额占比大幅下滑约 12 个百分点，8%—10%、10%—12% 和 12%—15% 三个收益区间占比则分别上涨约 5 个、3 个和 4 个百分点；广西壮族自治区 6%—8% 收益区间二级成交额占比大幅下滑约 11 个百分点，与之对应的是 12%—15% 收益区间占比的提升（图 3.18）。

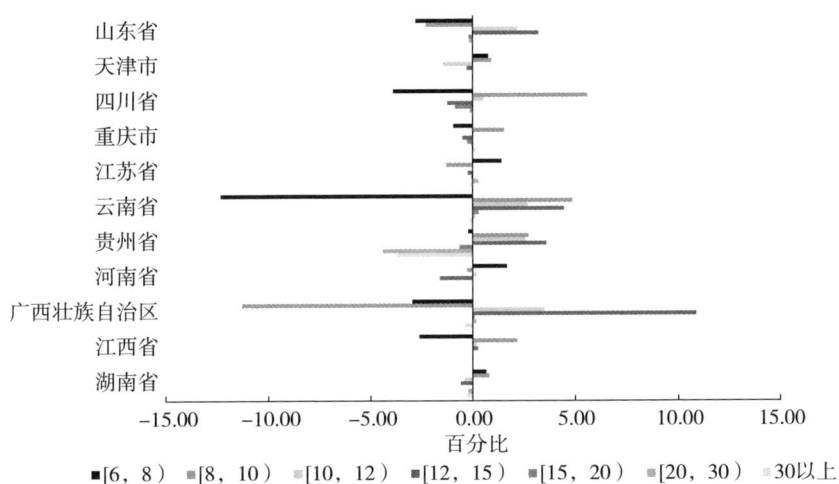

图 3.18　2023 年高收益城投债主要省份各收益区间二级市场成交额占比较 2022 年变化

资料来源：财汇预警通。

从高收益城投债主要省份各期限二级成交额占比上看，天津市和云南省二级成交呈现出明显的短久期特征，1 年内期限成交额占比超 60%，半年内期限成交额占比亦超 25%；山东省、重庆市、贵州省、河南省和湖南省成交期限主要集中在 1—2 年，成交额占比在 50% 左右；四川省、江苏省和广西壮族自治区 1—2 年和 2—3 年期限成交额占比各占约三分之一；江西省各期限成交额占比分布最为均匀，亦是唯一 3—5 年成交额占比超过 10% 的省份（图 3.19）。

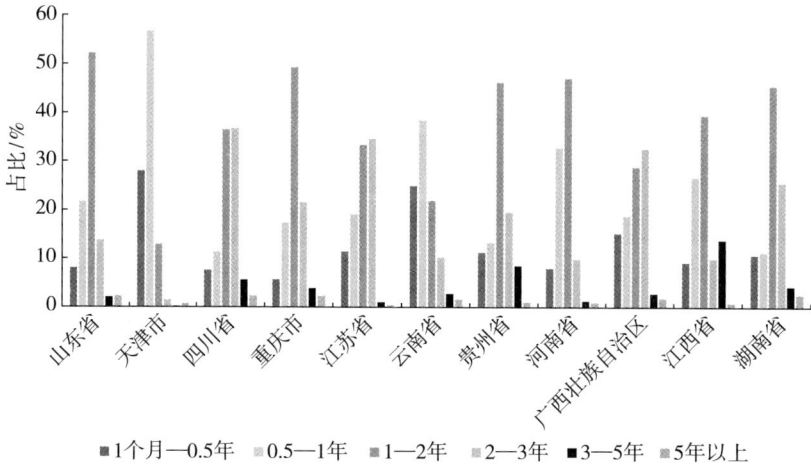

图 3.19　2023 年高收益城投债主要省份各期限二级市场成交额占比

资料来源：财汇预警通。

从高收益城投债主要省份各期限二级市场成交额占比变化上来看，与 2022 年相比，天津市、云南省和河南省 1 年内成交额占比均大幅增长 20 个百分点左右；山东省和江西省亦呈现出短久期成交额占比上升的特征，其中山东省 1 年内成交额占比小幅增长约 6 个百分点，对应 1—2 年成交额占比的下滑，江西省 1 年内和

1—2 年成交额占比分别增长约 8 个和 4 个百分点；重庆市、贵州省和湖南省 1—2 年成交额占比增长最高，超 10 个百分点，其中重庆市的增长主要对应 2—3 年成交额占比的下降，贵州省的增长主要对应 1 年内和 3 年以上成交额占比的下降，湖南省的增长则对应其他期限成交额占比的下降；四川省 2—3 年成交额占比增长最高，近 8 个百分点，主要对应 3 年以上成交额占比的下滑；江苏省和广西壮族自治区亦是 2—3 年成交额占比增长最高，均超 20 个百分点，且主要对应更短期限成交额占比的下滑，其中 1—2 年期限成交额占比均超 15 个百分点（图 3.20）。

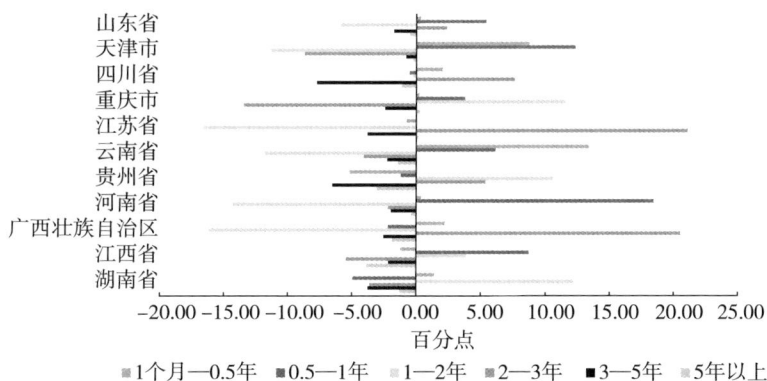

图 3.20　2023 年高收益城投债主要省份各期限二级市场成交额占比较 2022 年变化

资料来源：财汇预警通。

从具体城市分布来看，山东省集中在济宁市、潍坊市和威海市的下辖区县；天津市集中在市本级、滨海新区和武清区；四川省主要集中在成都市部分区县、巴中市市本级、遂宁市园区和部分区县；重庆市集中在长寿区、大足区、綦江区和万州区；江苏省集中在盐城市、徐州市、泰州市和镇江市的市本级及部分区县；云南省集中在昆明市市本级；贵州省集中在贵安新区和遵义市；河南省集中在开封市、洛阳市、郑州市和商丘市的市本级、园区及部分区县；广西壮族自治区集中在柳州市市本级；江西省集中在景德镇市市本级、赣州市部分区县、萍乡市和上饶市的园区及部分区县；湖南省集中在株洲市和郴州市的部分区县及园区、怀化市园区及市本级（表3.1）。

表3.1　2023年高收益城投债主要城市二级成交额占比

省份（自治区、直辖市）	城市	占比/%	省份（自治区、直辖市）	城市	占比/%
山东省	济宁市	32	云南省	昆明市	79
	潍坊市	28		红河州	8
	威海市	12	贵州省	贵阳市	32
天津市	市本级	40		遵义市	30
	滨海新区	33		黔西南州	8
	武清区	16	河南省	开封市	21
四川省	成都市	34		洛阳市	19
	巴中市	14		郑州市	16
	遂宁市	10		商丘市	10
重庆市	长寿区	24	广西壮族自治区	柳州市	82
	大足区	20	江西省	景德镇市	34
	綦江区	18		赣州市	15
	万州区	8		萍乡市	15
江苏省	盐城市	31		上饶市	14
	徐州市	21	湖南省	株洲市	31
	泰州市	16		郴州市	11
	镇江市	11		怀化市	9

资料来源：财汇预警通。

从整体上看，2023 年高收益城投债二级成交规模同比大幅增长，天津市和云南省二级成交占比大幅提升，江苏省占比大幅下降。2023 年上半年，各省份（自治区、直辖市）信用利差除天津市外均有所收窄，收窄幅度基本相同；2023 年下半年，各省份（自治区、直辖市）信用利差均呈现出下降态势，且下降幅度出现分化，主要表现为信用利差越大的省份下降幅度越大。期限上则进一步向短期集中，1 年以内占比继续提升，3 年以上占比继续下滑。二级成交收益 6%—8% 的占比仍在 75% 左右，15% 以上超高收益的占比有所下滑。高收益城投债二级成交额占比前十的省份城市中，除云南省主要区域从省级变为昆明市外，其余城市主要仍是老面孔。

（四）高收益地产债存量与成交

截至 2023 年末境内高收益地产债存量规模为 1393 亿元（不包括资产支持证券），同比减少 58%（图 3.21）。存量规模的下降，一方面由于民企债券融资处于净偿还状态，存量规模自然减少；另一方面也由于大部分展期 / 违约地产债流动性减弱，如恒大、富力的债券，2023 年未出现成交记录，因此未被纳入高收益债券统计口径所致。截至 2023 年末，存量高收益地产债规模由高到低排序，前五名分别为万科、龙湖、远洋、金地和平安不动产。

从二级市场成交量上看，境内高收益地产债缩量明显。2020 年以来，境内地产债曾经出现过三次放量成交。第一次为 2021 年初华夏幸福违约时，第二次为 2021 年末和 2022 年初世茂、融创等大型房企债券展期时，第三次为 2022 年 11 月，随着"金融 16 条"的提出，民营房企融资状况有望被改变之时（图 3.22）。整体来看，高收益地产债的成交活跃度与政策出台或大型房企爆雷紧密相关。

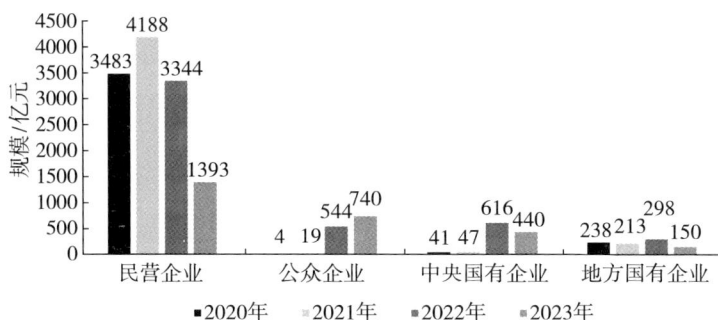

图 3.21　境内高收益地产债二级市场存量规模

注：此处地产债不包括资产证券化产品。

数据来源：财汇预警通。

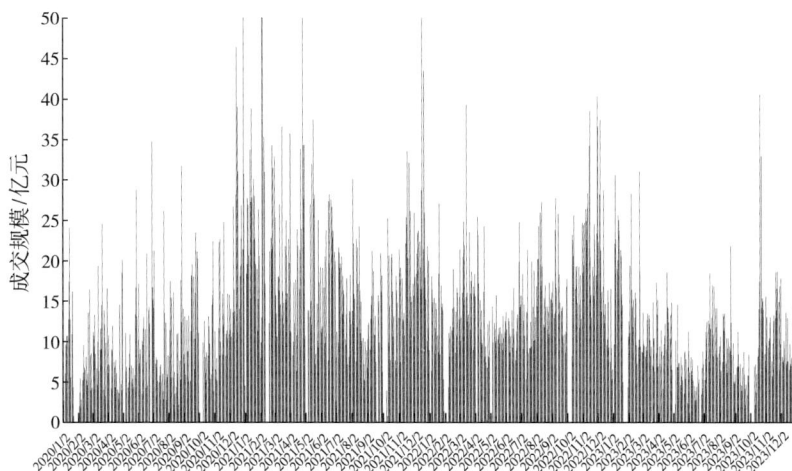

图 3.22　境内高收益地产债二级市场成交规模

注：此处地产债不包括资产证券化产品。

数据来源：财汇预警通。

从收益率分布上看，2020 年及 2021 年，高收益地产债二级成交收益率主要分布在 6%—10%，但 2022 年以来，这一趋势得到显著改变，以高于年化 20% 的超高收益率为主（图 3.23）。整体收益率的迁移，反映出行业风险的进一步蔓延及投资人恐慌情绪的加剧。

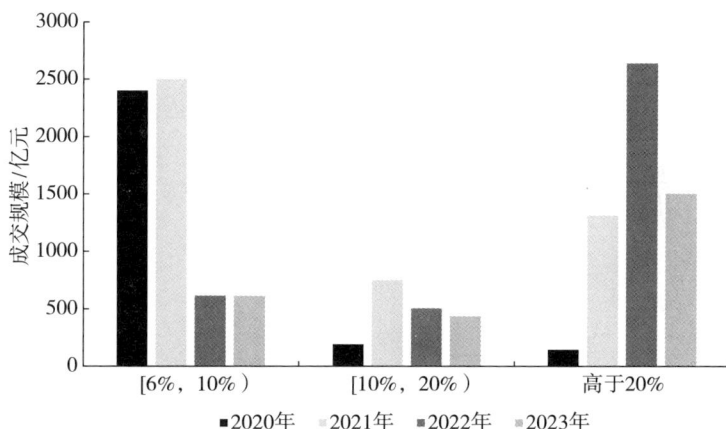

图 3.23　境内高收益地产债二级市场成交规模按收益率分布

注：此处地产债不包括资产证券化产品。

数据来源：财汇。

三、境内违约债券及展期债券市场情况

（一）境内违约债券

2023 年境内债券市场共有 52 只债券发生实质违约，违约本息总金额 231 亿元，涉及违约主体 21 家。与 2022 年相比，违约债券数量减少 4 只，基本与上一年持平；违约规模同比减少 19%。其中，新增首次违约主体 10 家，除国美电器及上海骧远投资外，新增违约主体全部为房地产企业。

存量上看，截至 2023 年 12 月 31 日，境内债券市场累计 802 只债券违约，涉及发行主体 258 家，违约本息总规模 6 455.93 亿元。增量上看，新增违约债券规模已连续三年下滑，由 2020 年峰值的 1447 亿元降至 2023 年的 231 亿元，新增违约债券只数由 2020 年峰值 130 只降至 2023 年的 52 只（图 3.24）。新增违约债券规模大幅下降的背后，一方面源于展期对违约的替代效应，另一方面是地产行业风险暴露已蔓延至头部房企，行业出清临近尾声。

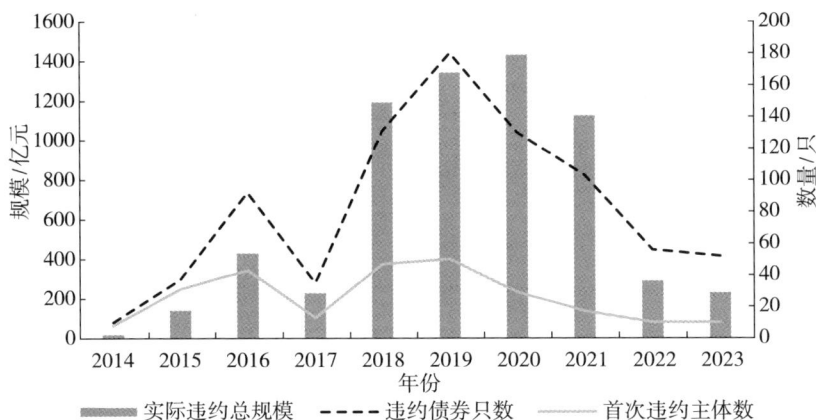

图 3.24　2014 年以来违约债券规模及违约债券只数

资料来源：财汇预警通。

2021 年以来境内房地产企业迎来"展期潮"，但展期企业并未如愿以时间换来空间，早期展期债券已有较大比例转化为实质违约。在 2023 年发生实质违约的 52 只债券中，17 只债券曾经达成过展期，数量占比达 32.69%。展期后仍未能履行分期偿付安排构成实质违约将成为违约市场新常态，违约前曾两次展期的情况亦时有发生。以金科股份发行的"20 金科地产 MTN001"为例，

2022 年 7 月金科股份将该笔债券回售部分展期 1 年分期兑付，在完成首次分期本金及利息兑付后，于 2022 年 10 月达成二次展期，偿付时间顺次延后，最终于 2023 年一季度实质违约。

分企业性质看，2023 年国企违约规模 6.59 亿元，占 2023 年境内债券违约总规模的 2.85%，2023 年国企违约主体仅武汉当代明诚文化体育集团股份有限公司及哈尔滨工大高新技术产业开发股份有限公司两家。2019 年末至 2021 年上半年是国企集中暴雷的年份，以永煤、华晨汽车、北大方正、紫光集团等国有企业风险集中暴露，2020 年国企部门违约规模达到历史峰值 773.76 亿元，占 2020 年违约规模的一半以上。此后民营地产企业陆续出现资金流断裂、债务违约的状况（图 3.25）。自 2021 年 8 月起，违约风险几乎完全集中在民企部门。事实上，武汉当代明诚文化体育集团于 2021 年 6 月公告将实控人变更为武汉市国资委，公司并不属于传统意义上的老牌国企，而工大高新的首次违约更是要追溯到 2018 年。

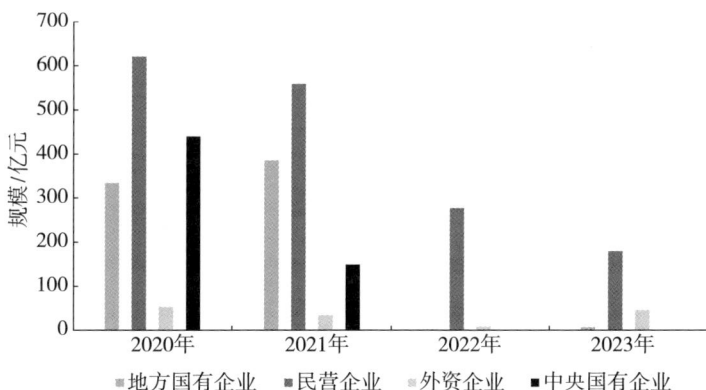

图 3.25　2020 年以来违约债券规模分布——分企业性质

资料来源：财汇预警通。

分行业看，2023 年地产企业在新增违约规模中的占比进一步抬升至 80.14%（图 3.26），2022 年地产行业违约规模占比 68.95%。2023 年 22 家违约主体中 12 家属于房地产行业，10 家首次违约主体中 8 家属于地产行业。虽然 2023 年各级政府部门频繁优化房地产政策，但房地产新开工面积及反映市场情绪的销售数据尚未见起色。根据国家统计局的数据，2023 年 1—11 月新开工面积累计同比减少 21.2%，1—11 月全国商品房销售面积累计同比减少 8.0%，在此背景下 2024 年地产企业赢利能力难有根本性改善。与此同时，根据笔者的测算，包含展期在内的房地产企业未偿付境内债券本金余额约 4145 亿元，而截至 2023 年底地产行业累计实际违约规模为 1128 亿元。我们假定展期债券转化为实质违约的比例为 50%，销售端未见明显修复的情况下，保守估计到 2027 年底境内新增违约债券规模将增加 1500 亿—2000 亿元。

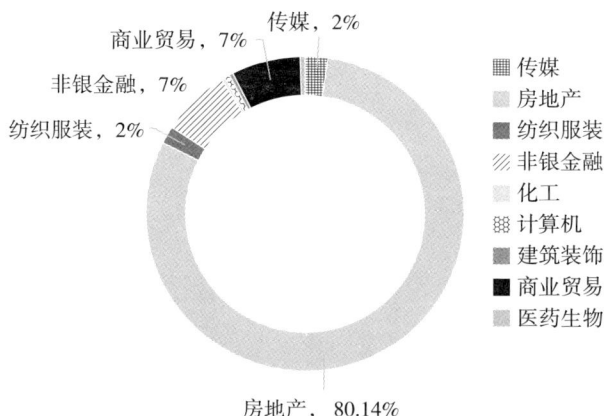

图 3.26　2023 年违约债券规模占比——分行业

资料来源：财汇预警通。

（二）境内债券展期

2023 年境内债券市场展期主体 49 家，涉及展期债券 158 只，展期债券本金余额 2 146.38 亿元，展期债券本金余额较 2022 年同比减少 12.96%，展期债券只数较 2022 年同比减少 14.13%（图 3.27）。2023 年地产行业风险出清逐渐步入尾声，境内债新增展期规模与新增违约规模首迎"双减"，但展期规模仍处高位，新增展期规模连续两年突破两千亿大关。

从存量市场看，截至 2023 年底，累计发生展期的债券本金余额 6 174.87 亿元，其中仍处于展期状态、转化为实质违约、完成全额兑付的规模分别为 5 180.81 亿元、639.88 亿元、354.17 亿元，占比分别为 83.90%、10.36%、5.74%。由于展期规模迅速攀升主要发生在 2023—2024 年，展期债券处置进度缓慢，八成以上的展期债券仍处于展期状态中。分行业来看，展期债券集中在房地产行业。2023 年新增展期债券中，地产行业展期规模占比 88.08%（图 3.28），债券数量占比 72.35%。

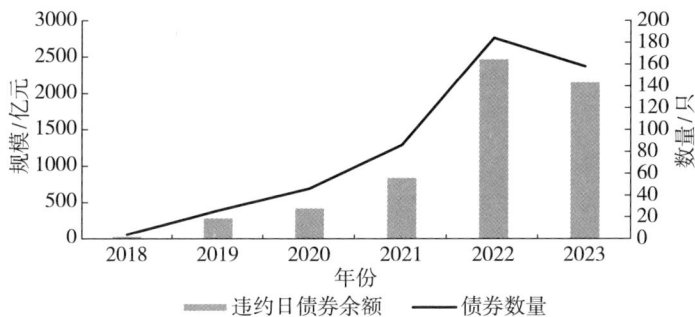

图 3.27　2018 年以来展期债券规模及展期债券只数

资料来源：Wind。

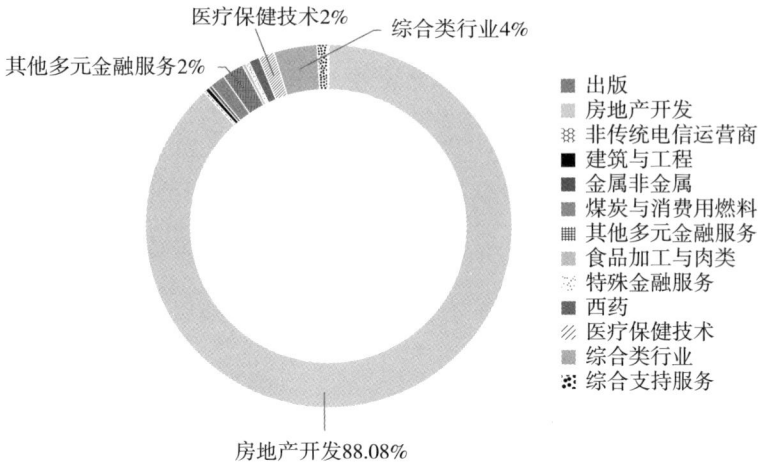

图 3.28　2023 年展期债券规模占比——分行业

资料来源：Wind。

　　从展期债券后续进展看，展期发生后第五年，展期债券转化为实质违约的比例约为 60%，全额兑付比例约为 40%。展期后第二年，展期债券转化为实质违约的比例约为 8%，仍处展期状态的比例约为 90%，全额兑付比例较低。早期出险企业偿债意愿更强，全额兑付的比例存在高估，但整体来看，展期发生后，展期债券转化为实质违约的比例逐年抬升，展期后第五年趋于稳定，最终转化为实质违约的规模占比在 50% 以上。按照过往数据（表 3.2 及表 3.3），我们可以粗略估计，在房市销售端未见明显起色的前提下，展期债券转化为实质违约的高峰期发生在 2025 年及 2026 年，2024 年由存量展期债券转化为实质违约的规模在 350 亿元上下，即 2024 年实际违约规模同比变化将由负转正。

表 3.2　2018 年以来展期债券后续进展——展期本金金额

单位：亿元

状态	2018 年	2019 年	2020 年	2021 年	2022 年	2023 年	总计
实质违约	15	138	162	86	204	35	640
已兑付	10	51	70	142	61	21	354
仍处于展期		93	188	607	2202	2091	5181
合计	25	282	420	840	2466	2146	6179

资料来源：Wind。

表 3.3　2018 年以来展期债券后续进展——展期本金占比

单位：%

状态	2018 年	2019 年	2020 年	2021 年	2022 年	2023 年	总计
实质违约	60	49	39	10	8	2	10
已兑付	40	18	17	17	2	1	6
仍处于展期		33	45	73	89	97	84

资料来源：Wind。

从展期方案看，2023 年展期方案呈现如下特征。一是多次展期现象更为普遍。恒大、奥园、荣盛发展、金科、武汉当代科技等多家主体旗下债券涉及二次展期。二次展期方案往往拉长展期期限，弱化早期兑付比例。本轮地产下行周期历时较长，投资人对于出险房企债务压力缓释的预期并不乐观，投资人对于拉长展期期限的方案接受度不高，一展再展的现象普遍发生，部分房企选择整体打包展期。二是多家房企债务重组方案取得进展。禹洲集团于2023 年 8 月初公布美元债重组方案，投资人可在"短期削债、中期转股、长期保本零息"三种方案中进行选择。奥园境内债务整体展期 3 年，境外发行新的融资工具对原有债务进行置换。融创通过新票据、强制可转换债券、可转换债券、融创服务股票置换现有债务。远洋集团旗下 8 只美元债券于 2023 年 9 月 15 日停牌，暂停支付全部境外债务，启动全面债务重组。

四、当前境内高收益债券市场的结构性问题及建议

综上，通过对境内高收益债券发行及存量的分析，我们认为市场在结构方面的主要问题有以下几个。

第一，发债主体风格单一，只有"堕落天使"，没有"明日之星"，更没有杠杆收购。

2023 年高收益债券一级市场发行总量中 87% 为城投债，存量占比亦高达 70%。民企高收益债券发行规模占比从 2016 年的 56% 逐步下滑至不足 5%，存量规模占比由 2020 年末的 24% 下降至 2023 年末的 8.7%。高收益城投债占比过高，且大量为非市场化发行，是近年来债市乱象的根源，也是地方政府化债的压力之一。单一行业占比过高，容易强化市场一致性预期，导致价格的大幅波动。在负面预期引导下，带来市场的一致性抛盘，加剧信用危机，而在正面预期的影响下，又容易带来收益的迅速收敛，导致高收益债券市场"资产荒"。

城投债"一家独秀"的局面是由多方面原因造成的，一方面，由于信用债券市场的门槛过高，一些有融资需求的中小型民营企业无法进入债券市场。虽发债条件在规模和信用级别上的限制持续放松，但在惯性思维的影响下，投资人难以转变观念；另一方面，债

券违约后处置手段较为单一，债权人处于弱势地位，因此缺乏外部支撑的民企债券容易被市场抛弃，久而久之国企信仰不断强化。而在利率持续下行的当前，非城投国央企的银行贷款成本更为低廉，因此债券融资缺乏吸引力，最终导致需要高息融资的企业越来越集中于偿债压力高企却信仰不断被强化的城投，造就了一个畸形的债券市场。城投债吸引了越来越多资金的押注，不具有可持续性。当下的僵局必有一天会被打破，要么回归债券本质，城投债出现首单违约/展期，要么通过"一揽子"化债政策的实施，退出债券市场，这是市场发展的必然。

2021 年 8 月 18 日，中国人民银行、发展改革委、财政部、银保监会、证监会、外汇局联合发布《关于推动公司信用类债券市场改革开放高质量发展的指导意见》，首次在官方文件中明确探索发展高收益债券产品和培育高收益债券投资者群体。2023 年 11 月 27 日，央行等八部门发布了《关于强化金融支持举措 助力民营经济发展壮大的通知》，提出支持民营经济的 25 条具体举措，其中第九条明确指出"探索发展高收益债券市场。研究推进高收益债券市场建设，面向科技型中小企业融资需求，建设高收益债券专属平台，设计符合高收益特征的交易机制与系统，加强专业投资者培育，提高市场流动性。"在上述文件基础上，建议逐步建立完善高收益债券发行和投资相关监管政策，适度放宽发行人主体资格和机构投资者投资限制，创新债券品种，试点民营企业、科创企业直接发行高收益债券，试水并购债券和私募可转债，让追求高收益且有相应风控能力并能承担相应风险的债券投资人找到与风险收益相匹配的投资标的。

第二，参与机构类型单一，缺乏主流资金介入。

高收益债券市场参与者目前以私募基金为主，券商资管、信托为辅，银行、公募基金、险资等债市的主流投资机构受风控及资金属性限制，未参与高收益债券二级市场投资，并在债券出现信用风险的时候天然成为高收益债券的卖盘，主流机构的挤兑卖出很大程度上影响了高收益债券二级市场的价格，引起债券价格的剧烈波动。目前投资者结构决定了高收益债券投资具有较大投机属性，博取短期超高收益成为市场"玩家"的主要诉求，不利于高收益债券未来发展成为一类可以长期配置的资产。此外，由于之前的一些乱象和部分机构的不合规行为，也导致某些监管部门把高收益债券视为洪水猛兽，对市场参与者存在一定程度上的无差别歧视监管，在业务开展过程中予以各种限制。

建议理性看待高收益债券市场，把高收益债券当作资本市场尤其是债券市场发展过程中的正常资产类别，允许具有相应风险识别能力的主流机构适当配置高收益债类资产，积极支持鼓励规范发展的私募债券基金管理人参与高收益债券投资，允许私募债券基金直接参与银行间债券市场交易。同时放宽私募债券基金持仓限制，允许债券基金被动持有债务重组过程中抵债（或转股）的非债券类资产（如股票、应收债权、非上市股权或其他资产），直至以合适价格卖出。

第三，外部评级对债券风险的揭示缺乏前瞻性和区分度。

从各年存量高收益债券信用等级分布上看，高收益债券均集中在 AAA、AA+ 和 AA 三个等级（图 3.29），无法仅凭信用等级刻画

债券风险。我们选取过去 4 年高收益债券成交记录，剔除年化 50%
以上的超高收益成交记录，可以看到平均收益率最高的债券反而是
AAA 级债券（图 3.30）。

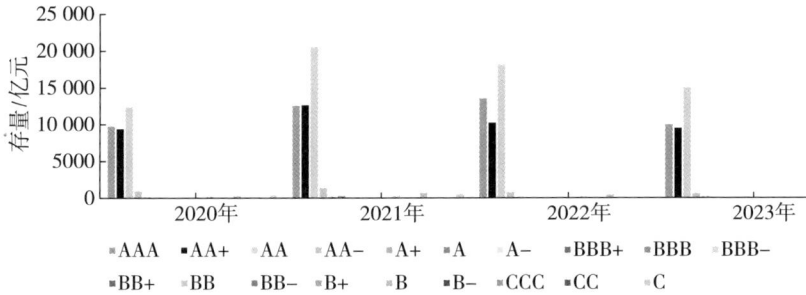

图 3.29　各年末存量高收益债券信用等级分布

资料来源：财汇预警通，wind。

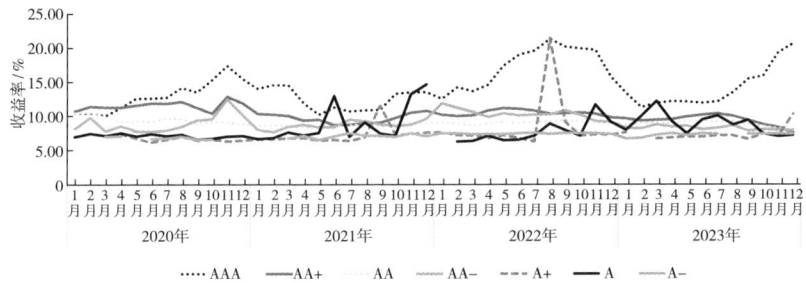

图 3.30　不同等级高收益债收益率变动趋势

资料来源：财汇预警通，wind。

高收益债券投资最大的风险是信用风险，在目前外部评级对债
券风险揭示缺乏前瞻性和区分度的情况下，唯有加强内部评级体系
建设，或鼓励投资人付费的评级模式的发展，协助投资人防范投资
风险。单纯靠城投信仰从事高收益债券投资的时代已经过去，未来
只有真正具有强大的信用风险分析和管理能力的投资机构，才能在

高收益债券市场谋得更好和更长远的发展。

　　总体上看，近几年来高收益债券市场发展迅速，无论是存量还是成交量，均显著增长，且因其收益可观，吸引了越来越多资金的关注。同时，我们也清楚地看到，当前境内高收益债券市场存在越来越严重的结构性问题，比如单一行业集中度过高，比如参与机构单一等，但我们深信，这是任何新兴市场发展过程中的必然。2023年末，境内存量高收益债券在信用债券余额中的占比仅为8%，远低于美国高收益债券20%以上的规模占比。未来扩大企业直接融资渠道、降低对于信用级别、规模的约束，让各类资金都能在债券市场寻找到匹配收益的资产，成为信用债券市场发展的必然。

04 第四章
Chapter 4

中国高收益债券的发行与风险控制①

① 本章作者为李凯、邓贺方。李凯，深高投资创始人、中债高收益债券估值专家组委员、北京市金融服务法学研究会债券市场法治专业委员会委员。邓贺方，西班牙央行货币金融研究中心金融学硕士，曾在广发证券、国联证券从事城投债研究。

一、一级市场高收益债券概况

（一）我国高收益债券市场发展历程

在 2007 年之前，我国信用债券市场处于起步阶段，1994—2006
年期间发行量仅有 7019 亿元，其中票面利率在 6% 以上的高收益债
券仅有 152.6 亿元，占比仅为 2.2%。2008 年以来，"十二五"规划明
确提出，要显著提高直接融资比重，债券市场规模扩张从此走上快
车道。2011 年，高收益债券发行人数量由 2007 年的 37 家大幅提升
至 530 家，高收益债券发行人数量占比由 13.2% 大幅提升至 58.5%，
规模占比也由 13.8% 大幅提升至 26.4%。信用债券市场进入野蛮生
长时代。

2012—2014 年，一方面，市场利率高企；另一方面，市场仍
处于前期发展阶段，信用债券并未出现公开违约案例，市场对信
用债券风险定价不成熟，高收益债券发行人数量和占比仍在快速增
长。2014 年 3 月"11 超日债"违约，成为我国信用债券首单违约

案例，市场对信用债券违约风险的担忧提升。截至 2014 年末，高收益债券发行规模占比高达 45%。叠加 2015—2016 年煤炭、化工和光伏等行业面临产能过剩危机，弱资质企业发债难度提升，部分发行人退出信用债券市场，且 2015—2016 年股票市场为牛市，市场利率明显降低，带动发行人一级发行票面走低，高收益债券发行人数量由 2014 年高峰期的 1774 家降低至 2016 年的 582 家，高收益债券发行规模也由 2014 年的 22 608 亿元降低至 2016 年的 8482 亿元，占比由 45.0% 下降至 10.0%。

2017—2018 年，交易所私募债明显扩容，部分弱资质城投、地产以及民营企业发行交易所高收益私募债，叠加银行理财资金大规模委外给私募、券商资管等机构管理，高收益债券市场再度迎来繁荣期。高收益债券发行人数量由 2016 年的 582 家快速回升至 2018 年的 1357 家，高收益债发行规模也由 2016 年的 8482 亿元快速回升至 2018 年的 19 712 亿元，发行规模占比由 10% 提升至 27.1%（表 4.1）。

表 4.1 历史上票面利率在 6% 以上的高收益债发行情况

年份	期数	发行人家数	发行规模合计 / 亿元	期数占比	家数占比	规模占比
1994	1	1	1	100%	100%	100%
1996	4	4	9	100%	100%	100%
1997	6	6	30	100%	100%	100%
1998	29	26	98	100%	100%	100%
1999	2	2	15	4.7%	4.9%	11.7%
2007	39	37	242	11.2%	13.2%	5.3%
2008	128	117	1096	32.9%	41.5%	13.8%
2009	80	79	949	12.1%	17.2%	6.1%

续表

年份	期数	发行人家数	发行规模合计 / 亿元	期数占比	家数占比	规模占比
2010	61	59	702	7.1%	10.3%	4.6%
2011	589	530	5825	43.6%	58.5%	26.4%
2012	1054	940	8476	41.7%	57.1%	23.8%
2013	1308	1058	9646	45.8%	60.5%	27.4%
2014	2847	1774	22 608	63.5%	80.0%	45.0%
2015	1639	1052	12 458	28.5%	44.8%	18.3%
2016	1002	582	8482	14.3%	21.2%	10.0%
2017	1901	1150	13 535	35.5%	54.7%	25.1%
2018	2757	1357	19 712	39.9%	64.3%	27.1%
2019	2048	1118	14 099	23.0%	42.9%	15.4%
2020	1656	908	10 393	13.8%	28.3%	8.8%
2021	1946	867	10 435	14.2%	26.7%	8.3%
2022	1055	507	5980	8.2%	16.8%	5.0%
2023	1401	561	8971	9.5%	17.0%	7.1%
2024–02	13	13	72	0.7%	1.2%	0.4%
合计	21 566	12 748	153 832	21.0%	37.5%	14.5%

　　2018 年之后，民企爆发债券违约潮，比如三胞集团、庞大汽车、海航集团、紫光集团、北大方正等大型民营企业债券违约，退出债券市场。2021 年以来，华夏幸福、恒大、融创、阳光城以及碧桂园等大型民营房企也出现债券违约风险，逐渐退出债券市场，民营高收益债券市场大幅萎缩。高收益债券发行人数量由 2018 年的 1357 家下降至 2022 年的 507 家，高收益债券发行规模由 2018 年的 19 712 亿元下降至 2022 年的 5980 亿元，发行规模占比由 2018 年的 27.1% 下降至 2022 年的 5.0%。民营高收益债券发行人大规模退出债券市场，剩余高收益债券发行人主要是弱资质城投。2020 年

11月的"永煤事件"之后，监管机构开始限制弱资质平台结构化发行等业务，交易所和协会对弱资质平台发债政策也收紧，弱资质城投新增发债难度明显加大。

2023 年 7 月 24 日中央政治局会议指出"要有效防范化解地方债务风险，制定实施一揽子化债方案"后，各省特殊再融资债券密集发行，额度合计 1.4 万亿，额度向贵州、天津、云南等 12 个重点省份（自治区、直辖市）倾斜。经营性债务置换等金融化债政策也在持续推进之中。各地方政府对平台债务管控力度整体明显加大，城投债尾部风险明显降低，叠加债券市场整体牛市的背景下，2023 年 8 月至 2024 年，弱资质平台信用利差大幅走低，公开债一级发行利率明显降低。2024 年以来，城投公开债市场鲜有 6% 以上票面利率发行案例。这也使得 2024 年以来高收益债券发行人数量仅为 13 家，发行规模仅为 72 亿元，发行规模占比降低至 0.4%，创 1999 年以来高收益债券发行规模占比新低（图 4.1）。

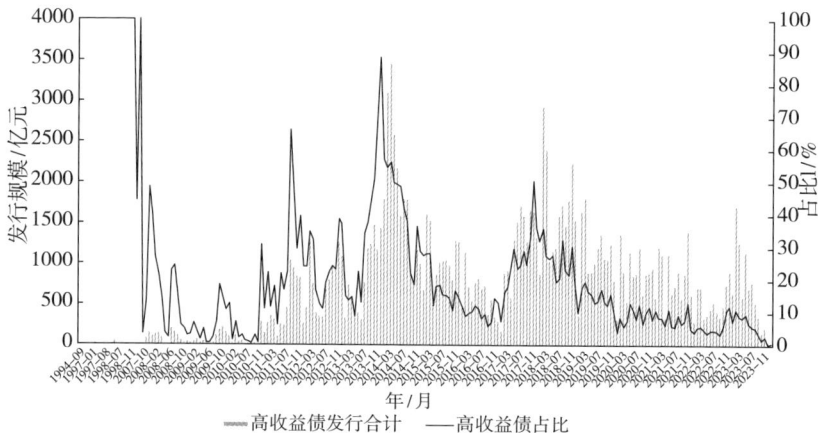

图 4.1 2018 年以来，高收益债券发行占比呈现下行趋势

2008 年以来，我国信用债券票面利率分布经历了 4 个阶段。2008—2011 年为第一阶段，市场对信用债券风险定价不成熟，最高发行利率中枢在 8% 左右，发行票面利率分化相对较小。2012—2015 年为第二阶段，最高发行利率中枢在 12% 左右。在 2014 年 3 月 "11 超日债" 违约后，发行票面利率的中位数一度超过了 6%。同年 6 月民企锦州宝地装饰工程有限公司发行 "14 锦宝地" 票面利率高达 14.6%，为信用债券历史上最高票面利率。2016 年 1 月—2023 年 10 月为第三阶段，市场对信用债券风险定价日趋成熟，最高发行利率中枢在 8% 左右，但由于存在债券结构化发行的情况，发行人综合融资成本可能高于票面利率，票面利率有所失真。2018 年之后，民企爆发债券违约潮，部分弱资质民企逐步退出市场，信用债券发行中枢开始下移。2023 年 10 月以来为第四阶段，随着一揽子化债政策逐步落地，市场对城投债违约风险的担忧缓解，高收益城投债收益率迅速下移，信用债券市场发行票面中枢快速回落（图 4.2）。

从高收益债券发行品种上来看，公司债券为第一大品种，占比高达 34.6%（图 4.3），其余依次为定向工具（19.8%）、企业债券（17.4%）、中期票据（15.5%）、短期融资券（12.7%）。2015 年 1 月，证监会发布《公司债券发行与交易管理办法》，扩大公司债券发行主体范围，丰富公司债券发行方式，推出了公司债券 "大公募"（面向公众投资者公开发行）、"小公募"（面向合格投资者公开发行）、"私募"（非公开发行）三种发行方式。受益于发行主体范围的扩大，公司债券开始逐步成为高收益信用债券的第一大品种。

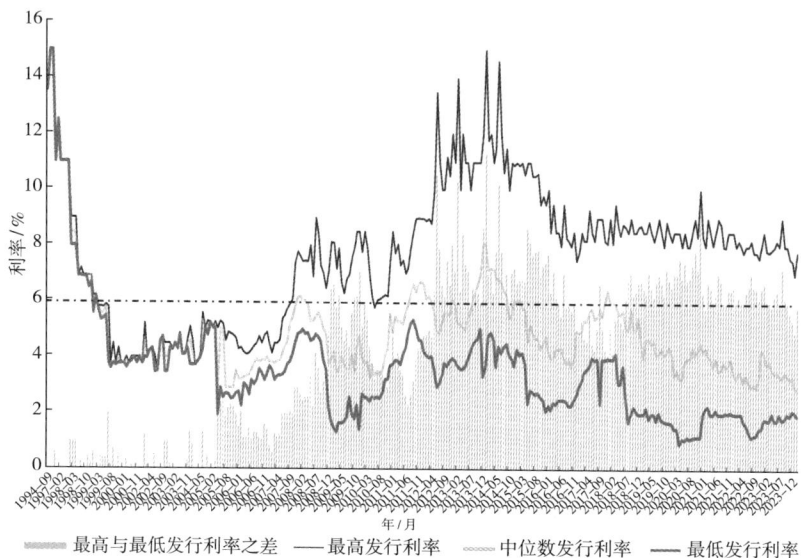

图 4.2　信用债券发行票面利率分布情况

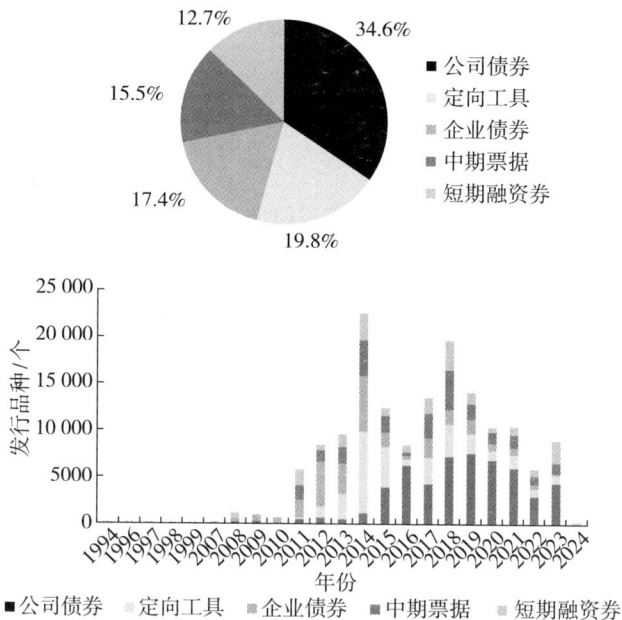

图 4.3　高收益债券发行品种分布情况

整体上，国企对高收益债券发行额贡献最大（78.6%），2018年以来民企对高收益债券发行额的贡献逐年下滑。2015—2017年，债券市场大发展，民企发债的主体变多，对高收益债券市场贡献变大。在2018年民企违约潮爆发后，部分违约民企退出债券市场。债券市场对民企出现歧视现象，民企发债难度陡增，国企对高收益债券贡献比例开始抬高。但是随着2023年8月一揽子化债政策的推进，高收益城投债规模大幅收缩，导致2024年前两个月，高收益债占比仅为0.4%（表4.2）。

表4.2　历年国企、民企对高收益债券发行额的贡献

| 年份 | 高收益债券规模 / 亿元 | | | | 高收益债占比 | | |
	国企	民企	合计	国企占比	国企高收益债占比	民企高收益债占比	合计占比
1994	1		1	100%	100%	–	100%
1996	9	0	9	97.6%	100%	100%	100%
1997	30		30	100%	100%	–	100%
1998	92	6	98	94.3%	100%	100%	100%
1999	15		15	100.0%	12.7%	0%	11.7%
2000					0%	–	0%
2001					0%	–	0%
2002					0%	–	0%
2003					0%	–	0%
2004					0%	–	0%
2005					0%	0%	0%
2006					0%	0%	0%
2007	174	68	242	71.7%	4.1%	20.6%	5.3%
2008	863	233	1096	78.8%	11.4%	65.1%	13.8%
2009	671	278	949	70.7%	4.5%	46.2%	6.1%
2010	674	29	702	95.9%	4.6%	4.6%	4.6%

续表

年份	高收益债券规模 / 亿元				高收益债占比		
	国企	民企	合计	国企占比	国企高收益债占比	民企高收益债占比	合计占比
2011	4786	1038	5825	82.2%	23.8%	53.9%	26.4%
2012	7206	1270	8476	85.0%	22.2%	41.9%	23.8%
2013	7592	2054	9646	78.7%	24.1%	56.8%	27.4%
2014	19 090	3517	22 608	84.4%	41.7%	79.3%	45.0%
2015	8275	4183	12 458	66.4%	14.4%	39.1%	18.3%
2016	3683	4799	8482	43.4%	5.4%	30.0%	10.0%
2017	9685	3851	13 535	71.6%	21.3%	45.6%	25.1%
2018	14 192	5520	19 712	72.0%	22.4%	58.6%	27.1%
2019	11 395	2704	14 099	80.8%	13.4%	38.4%	15.4%
2020	8590	1803	10 393	82.7%	7.9%	19.9%	8.8%
2021	9427	1008	10 435	90.3%	7.9%	15.6%	8.3%
2022	5666	314	5980	94.8%	5.0%	5.0%	5.0%
2023	8772	198	8971	97.8%	7.3%	3.2%	7.1%
2024−02	60	12	72	83.4%	0.4%	1.1%	0.4%
总计	120 948	32 884	153 832	78.6%	12.4%	34.3%	14.4%

（二）高收益债券呈现出量缩价跌的态势，未来供给或承压

2018 年民企违约潮出现之后，市场对民营企业债券信用风险偏好大幅降低，部分民企高收益债券发行人依赖的结构化发行难以为继，而部分公开市场未违约的民企高收益债券发行人也主动退出债券市场，民企高收益债券规模自 2019 年以来急速下跌，由 2018 年的高点（5520 亿元）下跌至 2023 年（198 亿元），创 2011 年以来新低（图 4.4）。在经历优胜劣汰、市场选择以后，存续发债民企整体的信用资质变高，发行票面最大利率和中位数也出现了明显下滑的态势。

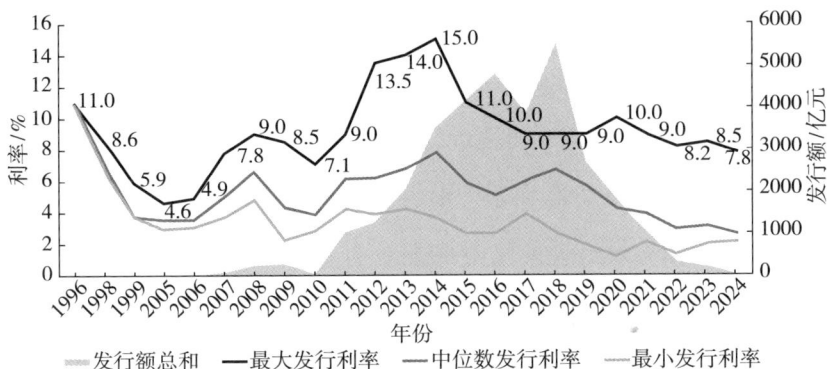

图 4.4　民企高收益债券规模自 2019 年以来急速下跌

历史上，国企高收益债券发行规模呈现一定的周期性，发行票面利率价格中枢出现了明显下滑的态势。2012 年以来，每年国企高收益债券发行规模的中枢在 6000 亿元左右。在 2014 年、2018 年由于城投融资政策收紧且无风险利率中枢偏高，叠加 2018 年 9 月国务院常务会议提出保障平台公司合理融资需求之后，弱资质平台债券融资明显改善，国企高收益债券发行量出现了小高峰（图 4.5）。

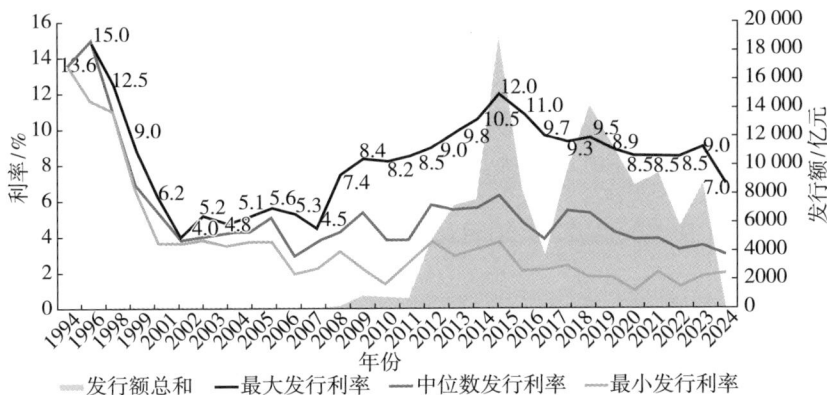

图 4.5　国企高收益债券发行规模周期性被"一揽子化债政策"打破

　　受一揽子化债政策影响，国企高收益债券发行规模周期性被打破，2023年10月以来高收益债券发行规模大幅下滑。随着置换债政策和金融支持政策的加速推进，国企高收益债券规模供给逐月大幅缩量，且发行票面利率中枢也出现了明显下滑。2024年以来，国企高收益债券发行规模仅为60亿，且2月份最高票面利率为6%，这是西安高科为其产业子公司天地源（上市公司）担保的3年期的中票，规模10亿元（图4.6）。展望未来，国企高收益债券供给或多为城投属性弱、非政府全资控股、市场认可度偏低的产业的国企发行的长期限信用债券。

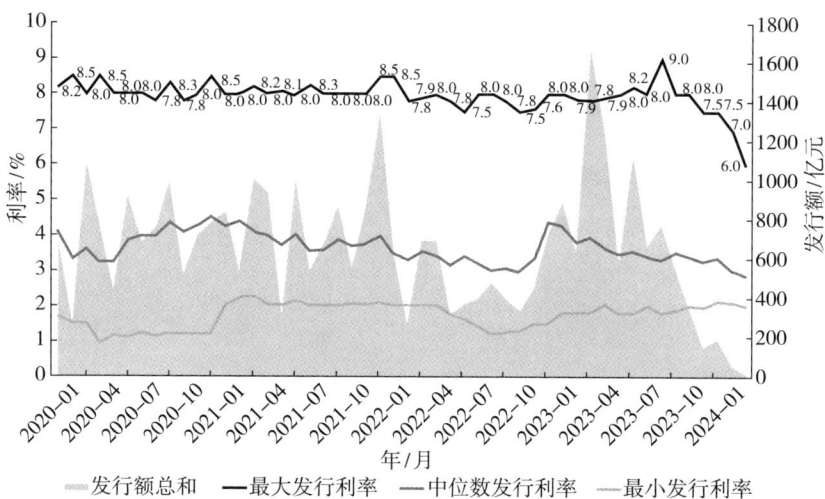

图 4.6　2023 年 10 月以来高收益债券发行量大幅下滑

二、高收益债券发行特征

　　总体来看，一级市场高收益债券呈现以下特征：发行主体信用资质相对较弱，发行方式以私募为主，通过担保增信的比例相对较高；无评级的高收益债券占比接近一半，有评级的高收益债券债项信用等级集中在 AA 及以下。纵向来看，2011 年以来，AA 及以下低评级债券发行对高收益债券贡献呈下降趋势，低评级弱资质主体陆续退出债券市场。

（一）发行方式以私募为主，有担保比例相对偏高

从发行方式和担保方式来看，历史上，我国一级市场高收益债券发行方式以私募为主，占比为 47.2%，同期非高收益债券中私募发行方式占比仅为 15.2%。高收益债券发行方式以私募为主，主要或系高收益债券发行人信用资质通常较弱，发行私募债更容易获取批文，以及信息披露、财务指标等要求相对较松所致。高收益债中有担保的比例为 16.4%，非高收益债中有担保的比例仅为 5.8%（图 4.7）。高收益债券中有担保的比例相对较高，这主要系高收益债券发行资质通常较弱，尤其是企业债券，对担保发行的需求整体要高于非高收益债券发行主体所致。

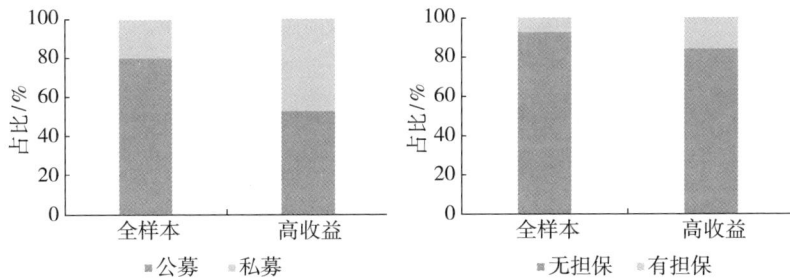

图 4.7　高收益债发行方式以私募为主，有担保比例相对偏高

从债项信用等级分布情况来看，历史上，我国一级市场高收益债券中约有 57.3% 具有债项信用等级，略高于非高收益债券（44.6%）（图 4.8）。高收益债券有债项信用等级的样本中，AA 及以下占比最高，为 73.1%；非高收益债券有债项信用等级的样本中，AA+ 及以上占比最高，为 53.1%，这主要或系高收益债券发行主体通常信用资质较弱导致外部评级较低所致。当然也有 26.9% 的高收益债发行主体外部评级在 AA+ 及以上，主要系海航、北大方正、中融新大等大型综合类民营企业以及恒大、融创等大型民营地产企业，虽然资产、营收规模较大，但是"大而不强"，债券市场认可度较低。而外部评级公司评级模型对资产规模和营收规模权重分配较大，导致外部评级虚高所致。

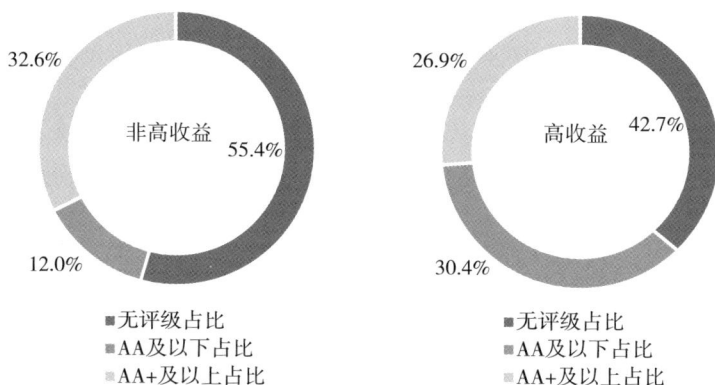

图 4.8　高收益债券评级为 AA 及以下占比偏高

2011 年以来，外部债项评级为 AA 及以下低评级债券发行对高收益贡献呈下降趋势，低评级弱资质主体陆续退出债券市场。高收益债券市场在经历蓬勃发展（2014—2018 年）、民企债券违约潮

（2018 年以来）后，低评级弱资质主体陆续退出债券市场，低评级高收益债券发行占比由 67% 逐渐下降至 2023 年的 3.4%。2020 年以来，低评级高收益债券发行规模压缩明显，由 2055 亿元压缩至 2023 年的仅 307 亿元（图 4.9）。

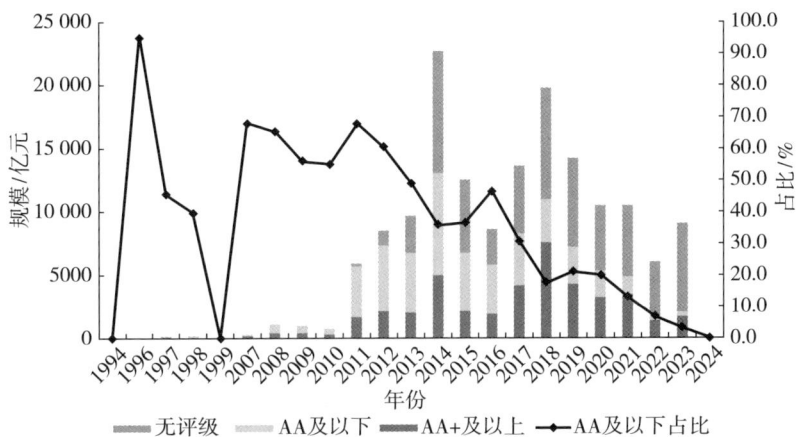

图 4.9　2011 年以来，低评级弱资质主体陆续退出债券市场

（二）近期城投高收益债券发行主要集中在四川、山东、广西和云南

历史上，城投高收益债券发行主要集中在江苏、湖南、四川、山东、重庆和天津（图 4.10）。其中江苏高收益城投债发行规模全国最大（15 084 亿元），主要系江苏省城投债发行规模整体较大，且苏南、苏中和苏北整体分化较大所致。其他 5 个省份总发行规模在 5000 亿—6000 亿元。从高收益债发行额占比数据来看，黑龙江、辽宁、贵州和内蒙古自治区占比排前 4，均在 50% 以上；云南、广西壮族自治区、青海和吉林占比在 40%—50%，也相对偏高，区域市场认可度整体较低。但值得注意的是，高收益债券发行额占比前

10 名的省份（自治区、直辖市）全部被纳入了重点省份，予以置换债额度、金融支持政策的倾斜。

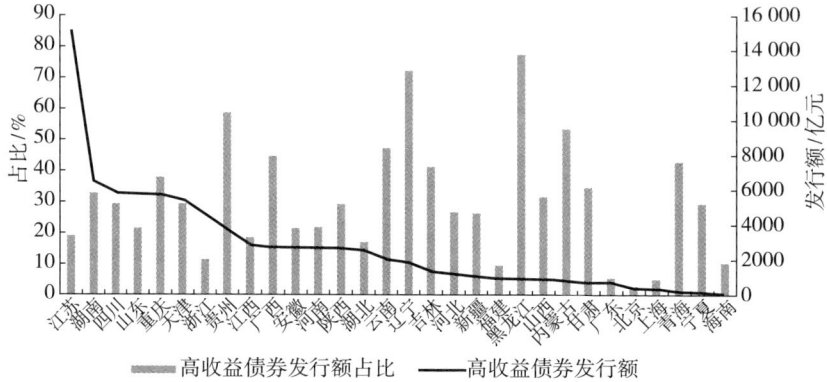

图 4.10　城投高收益债券发行集中在江苏、湖南、四川、山东、重庆和天津

2023 年 10 月以来，随着一揽子化债政策逐步落地，金融支持政策正式官宣，市场对城投债违约风险的担忧缓解，高收益城投债发行规模及占比均较以往下滑，且发行区域分布较历史上发生了变化。四川和山东作为非重点省份，二者合计贡献了高收益城投债的半壁江山，2023 年 10 月至 2024 年累计发行规模均在 150 亿元以上。重点省份（自治区、直辖市）广西、云南和贵州发行规模相对较多，分别为 112 亿元、79 亿元、39 亿元。值得注意的是，除这三个省份外，其余省份高收益债券发行额占比均相对较低，均在 20% 以下。

我们通过计算 2023 年 10 月前后高收益城投债发行额占比变动，发现这一轮一揽子化债政策逐步落地后，高收益债券占比降幅最大的区域是重庆，由过去的 38% 下降到 1%，受益最大，或与重庆市委书记在北京受到金融监管、金融机构的高规格接待有关，极大提振了市场信心。重点省份（自治区、直辖市）中的吉林、贵州、云南、天津和广西受益幅度也比较大，其中吉林和天津都率先下降到了 5% 以下。

非重点省份中，湖南下降幅度最大（34%），或与特殊再融资债券额度排全国前列有关，使用再融资债券置换部分高收益城投债，大幅提振市场对湖南的信心。而四川、山东高收益债券下降幅度偏低，或与其分配到的特殊再融资债券额度相对较少相关，且区域内非标违约频发，影响部分债券投资人的信心。相较于山东，四川高收益债券发行占比基数更大，高收益债券发行占比仍高达16.7%，高于其余非重点省份（图 4.11）。

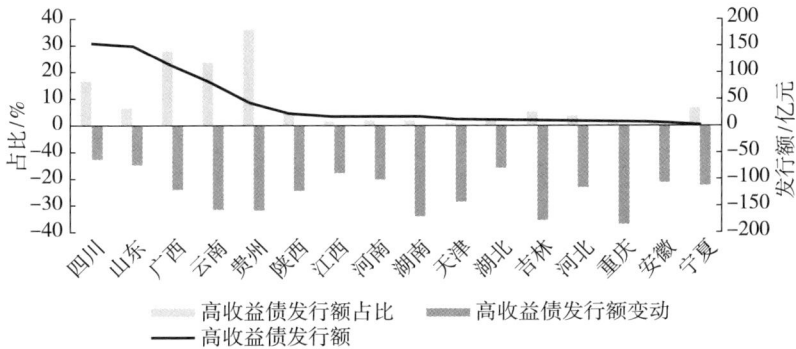

图 4.11　2023 年 10 月以来，城投高收益债券发行集中在
四川、山东、广西和云南

（二）高收益债券发行主要集中在工业行业，工业高收益债券多为国企发行

分行业来看，高收益债券发行主要集中在工业行业，工业高收

益债券发行规模高达 9.6 万亿，占高收益债券发行总额的 62.5%。
工业高收益债券多为国企发行，工业高收益债券总共有 13 668 只，
其中 12 225 只为国企发行，约占 90%。房地产和材料高收益债券
发行规模相当，约为 1.1 万亿—1.2 万亿，房地产行业高收益债券
发行额占其总发行额比例最高，约为 25%，而电信服务业高收益债
券发行额占其总发行额比例最低，仅为 0.7%（图 4.12）。

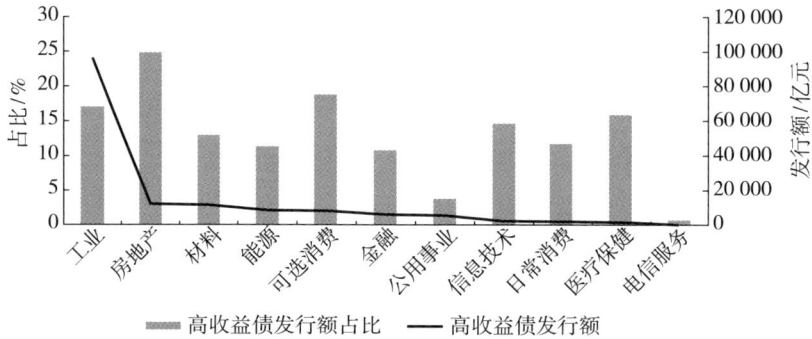

图 4.12　高收益债券发行主要集中在工业行业

　　纵向来看，2010 年以来，除 2015—2016 年外，其他大多数年
份工业都是第一大高收益行业，主要是由于国企中最大的一级行
业是工业，且国企高收益债券占大头（78.6%）。2015 年 1 月，证
监会发布《公司债券发行与交易管理办法》，扩大公司债券发行主
体范围，降低了公司债券发行的门槛。2015—2016 年以房地产、
材料、能源为代表的行业快速扩容，对高收益债券发行的贡献大幅
提高。2018 年以来，随着民企债券违约潮的爆发，大部分弱资质
非工业民企退出债券市场，非工业行业对高收益债券发行的贡献度
逐年下滑（图 4.13）。

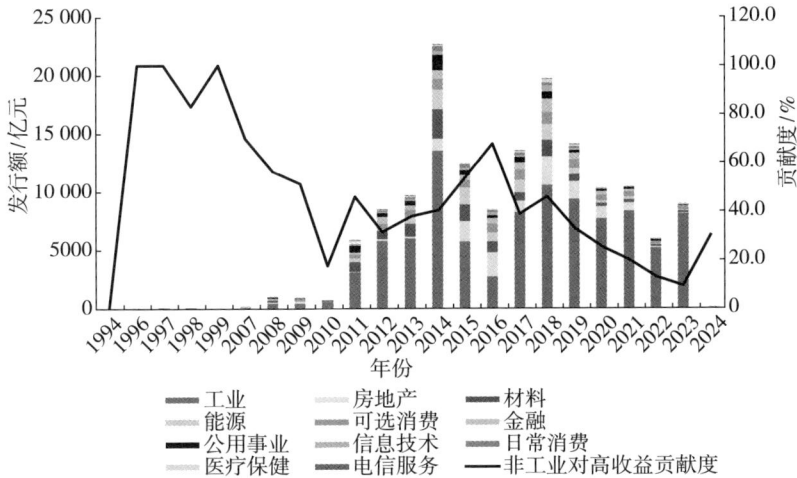

图 4.13　我国高收益债券发行额行业分布情况

具体到民企，民企高收益债券发行主要集中在工业和房地产行业，规模分别为 8313 亿元、8169 亿元，二者合计占民企高收益债券的 50%。

纵向来看，2014—2018 年民企高收益债券发行额中枢在 4000 亿元左右，其中在 2018 年发行额达到极大值 5500 亿元。随后爆发了民企债券违约潮，部分民企退出债券市场，民企高收益债券规模大幅下滑。民企房地产高收益债券在 2015 年开始放量，2019—2021 年随着其他行业民企违约后退出债券市场，房地产高收益债券占比位居高位，房地产对高收益债券的贡献度均在 45% 以上（图 4.14）。

2020 年下半年以来，中央对房地产市场调控力度不断加大，在"房住不炒"基础上，先后推出一系列政策措施，包括针对房企的"三道红线"、针对商业银行房地产贷款的"两条红线"等政策。2021 年由于恒大等知名房企出现违约，退出债券市场，债券市场对民企的歧视日益加深，民营房企债券发行难度加大，民企高收益债市场发行大幅萎缩。

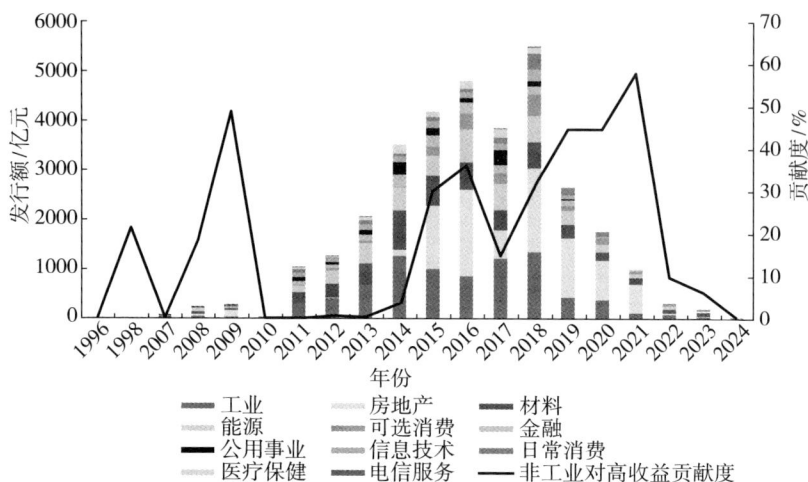

图 4.14　我国民企高收益债券发行额行业分布情况

三、高收益债券发行过程中存在的风险

（一）城投债技术性违约对一级发行的影响

截至 2024 年，城投债一直保持刚兑，但是部分债务压力较大的平台仍出现债券技术性违约的案例，反映出地方政府和平台虽然保城投债刚兑意愿很强，且有能力协调资源保平台债券刚兑，但也反映了平台还本付息压力较大的现实（表 4.3）。从历史经验来看，市场对发生债券技术性违约的平台和区域信用风险偏好或降低，导致其估值提升、债券一级发行难度加大。

表 4.3　城投债技术性违约梳理

日期	债券简称	债券品种	发行人	地区	实际控制人	事件描述
2009/11/30	07宜城投债	企业债	安庆市城市建设投资发展（集团）有限公司	安徽省安庆市	安庆市财政局	本应于 2009 年 11 月 30 日付息，实际支付日期为 2009 年 12 月 1 日，延迟了一天，安庆城投发布致歉信称将利息延迟支付因工作失误。
2017/9/12	14新密财源债	企业债	新密财源城市开发建设有限公司	河南省郑州市新密市	新密市财政局	本应于 2017 年 9 月 12 日支付当年利息，但实际支付日为 2017 年 9 月 13 日，延迟了一天。后发行人于 2017 年 10 月 31 日提前兑付该笔债券剩余本息。
2018/8/13	17兵团六师SCP001	超短期融资券	新疆生产建设兵团第六师国有资产经营有限责任公司	新疆维吾尔自治区	新疆生产建设兵团第六师	债券到期日为 2018 年 8 月 13 日，发行人于 2018 年 8 月 13 日发布公告，17 兵团六师 SCP001 未按期足额兑付债券本息。8 月 15 日上午，发行人又发布公告称已经将 17 兵团六师 SCP001 的债券本息足额支付到上清所，延迟了两天。
2019/12/6	16呼和经开PPN001	定向工具	呼和浩特经济技术开发区投资开发集团有限责任公司	内蒙古呼和浩特市	呼和浩特经济技术开发区财政审计局	2019 年 12 月 6 日，上清所发布公告，明确未足额收到 16 呼经开 PPN001 付息兑付资金。后延期三天于 12 月 9 日陆续兑付。
2020/8/17	15吉林铁投PPN002	定向工具	吉林市铁路投资开发有限公司	吉林省吉林市	吉林国资委	本应于 2020 年 8 月 17 日支付的期本息，当天 17:00 点前未完成资金划付，发行人后于当晚发布《兑付资金已经足额划转到的公告》称，已经于 17 日晚上 22 点 30 分完成了资金的划转工作。

续表

日期	债券简称	债券品种	发行人	地区	实际控制人	事件描述
2020/10/23	18沈公用PPN001	定向工具	沈阳城市公用集团有限公司	辽宁省沈阳市	沈阳市国资委	本应于2021年8月10日到期。因沈阳公用于2020年10月23日收到沈阳市中级人民法院送达的《民事裁定书》，因沈阳公用于2020年10月23日收到沈阳市中级人民法院送达的《民事裁定书》，裁定受理债权人对公司的重整申请。根据21世纪经济报道10月28日晚间的报道，沈阳公用回应不能单独清偿个别债务。但根据公开信息，公司于2020年10月28日完成了18沈公用PPN001债券本息的兑付工作。
2022/8/29	19兰州城投PPN008	定向工具	兰州市城市发展投资有限公司	甘肃省兰州市	兰州市国资委	本应于2022年8月28日本息到期，8月29日上清所公告称未能足额收到的兑付资金，无法完成债券付息兑付，最终当晚20:30大额付款通道开通后，兰州城投投资到付款至专户，于20:55左右成兑付。
2023/3/26	20柳州02	私募公司债	柳州市城市投资建设发展有限公司	广西柳州市	柳州市国资委	20柳州03于2023年3月26日面临回售，但是发行人筹集资金晚了几个小时，导致投资者没能及时拿到兑付资金，出现了债券技术性违约。
2023/5/19	22昆明土地CP001	短期融资券	昆明市土地平发投资经营有限责任公司	云南省昆明市	昆明市国资委	昆明土投2个亿于2023年5月19日（周五）到期，但周日（5月21日）才付上。
2023/5/21	22滇池投资SCP003	超短期融资券	昆明滇池投资有限责任公司	云南省昆明市	昆明市国资委	2023年5月21日、22滇池投资SCP003直到当晚20:00人行大额通道开启后，债券才成功兑付，兑付资金来自市级兄弟公司的拆借。

兰州市城市发展投资有限公司（以下简称兰州城投）发行的债券"19 兰州城投 PPN008"，本应于 2022 年 8 月 28 日本息到期，8 月 29 日上清所公告称未能足额收到兰州城投的兑付资金，无法完成债券付息兑付，最终当天 20：30 大额付款通道开通后，兰州城投及时将利息付款至专户，于 20：55 完成兑付，发生技术性违约。之后兰州城投及其母公司兰州建投投资（控股）集团有限公司（以下简称兰州建投）债券估值大幅调整，公开市场再未成功发债，债券持续净偿还。截至 2024 年 2 月 25 日，兰州建投和兰州城投公开债余额仅 11 亿元，于 2024 年 8 月份到期。

2023 年 5 月下旬，昆明市土地开发投资经营有限责任公司（以下简称昆明土投）和昆明滇池投资有限责任公司（以下简称昆明滇投）相继发生债券技术性违约，最终通过协调区域国企之间资金拆借完成兑付。受此负面影响，昆明市平台债券估值快速上行，债券一级发行难度加大，但是公开债券面临集中到期压力，叠加土地财政承压，为了保标债刚兑，区域非标风险事件增加，对结构化发行依赖增加，进一步降低了市场对其信用风险偏好，其一级发行综合成本不断上升。之后 6—8 月，云南省国企债券最高发行利率整体也上行至 9%。2023 年 7 月 24 日，中央政治局会议提出"一揽子化债方案"之后，全国国企发债利率整体下行，其中云南等省份国企最高发债利率也快速下行（图 4.15）。

2018 年 8 月 13 日，新疆生产建设兵团第六师发行的"17 兵团六师 SCP001"发生技术性违约，当时引起了市场的高度关注，兵团六师国资委也积极尽快完成了债券的兑付，并且加强了对区域平台债券的管控，严禁再发生此类技术性违约事件。这也使得新疆维吾尔自治区整体债券发行并未受到此次技术性违约事件的长期不利影响。反而因为这次技术性违约事件，导致新疆维吾尔自治区政府加强了对平台债务风险的管控，使得新疆维吾尔自治区之后未出现公开债务逾期的负面事件，部分投资者对新疆维吾尔自治区城投债的信心因此增强（图4.16）。

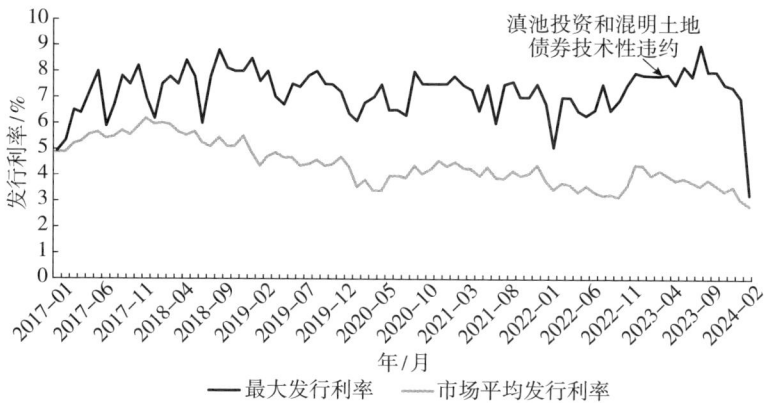

图 4.15 昆明债券技术性违约之后云南国企债券发行票面走势

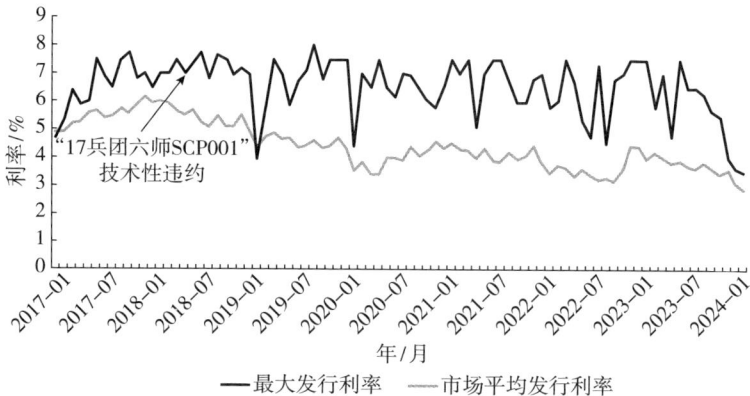

图 4.16 兵团六师债券技术性违约之后新疆国企债券发行票面走势

2018 年前后，地方政府和平台公司的债务管控意识和手段相对比较有限，部分弱平台因短期资金流动性压力出现公开债券技术性违约的风险，但是区域整体信用风险相对可控。经历兵团六师和永煤事件等风险案例教训之后，地方政府多加强了对区域平台债务风险的管控，使得该类风险得到控制，区域平台估值和债券一级发行受此负面影响相对较小。但是兰州、柳州和昆明等地仍因区域整体债务风险较大，导致出现债券技术性违约风险，从而对平台乃至区域整体债券估值以及发行均造成较大的不利冲击。自从 2023 年 7 月 24 日中央政治局会议提出"一揽子化债方案"之后，地方政府对平台债务风险化解更加重视，进一步加强了债务管控，未来债券出现技术性违约的风险会明显降低。

（二）高收益债券一级发行中存在"结构化发行"的合规风险

2018 年 7 月，国务院常务会议提出要保障融资平台公司合理融资需求之后，城投债发行规模大幅增长，很多弱资质平台也抓住机遇大规模结构化发债。城投结构化发债模式包括平层类、优先 / 劣后类、代持以及回购融资类模式，但最主要的模式是回购融资类模式，即发行人通过借金融机构产品马甲，做债券质押回购加杠杆融资。

该类模式之中，发行人出资 M 亿元，并借 N 亿元过桥资金，合计（M+N）亿元资金成立资管产品，投资（M+N）亿元发行人债券，然后资管机构用（M+N）亿元债券去做回购融资（通常是协议式回购），回购融资 N 亿元偿还过桥资金（图 4.17）。最后如果债券没有市场化资金参与（P=0）的话，那么发行人相当于自己出 M 亿元资金，发行了（M+N）亿元债券，净融资 N 亿元。本质上来说，债券全部是由发行人自持的，回购融资相当于发行人的净融资。而回购融资规模主要是看质押率，质押率主要是由回购市场的资金供求关系以及发行人的信用资质来决定的。

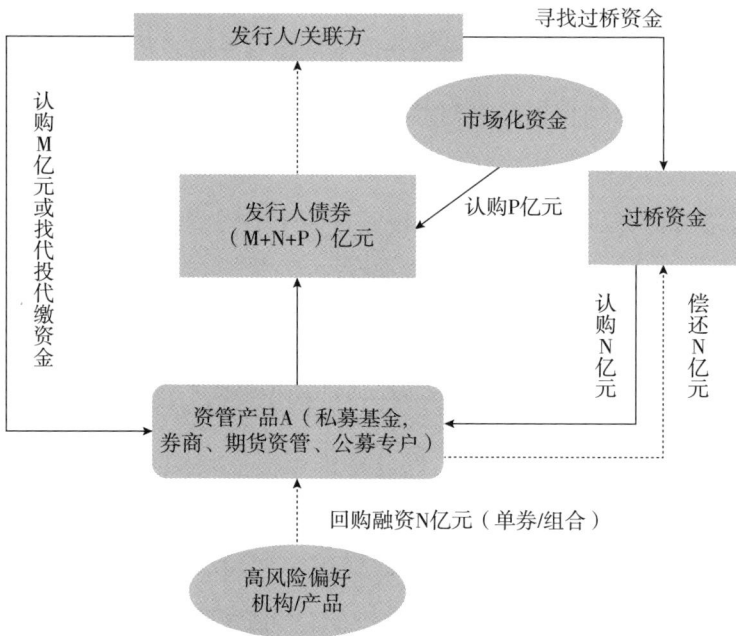

图 4.17　城投结构化发债回购融资类模式图解

该业务模式之中，发行人的主要成本包括回购融资成本、资管机构的产品管理费和财务顾问费以及过桥、通道甚至代投代缴等资金费用。

该业务虽然有助于发行人在债券市场融资，但是也存在以下几个重要风险。

第一，结构化发债存在合规风险，监管对结构化发债政策限制趋严。2019 年 7 月，机构欲打折抛售城投债遭发行人反对、警告事件频现，监管部门关注"结构化发行"风险，并要求相关部门摸底排查。2019 年 12 月 13 日，上海证券交易所和深圳证券交易所同期发布《关于规范公司债券发行有关事项的通知》，规定发行人不得在发行环节直接或者间接认购自己发行的债券。债券发行的利率或者价格应当以询价、协议定价等方式确定，发行人不得操纵发行定价、暗箱操作，不得以代持、信托等方式谋取不正当利益或向其他相关利益主体输送利益，不得直接或通过其他利益相关方向参与认购的投资者提供财务资助，不得有其他违反公平竞争、破坏市场秩序等行为。2020 年 11 月 18 日，永煤违约之后，监管查出永煤存在结构化发行等违规行为，交易商协会发布《关于进一步加强债务融资工具发行业务规范有关事项的通知》，明确提出：严禁债券发行人"自融"，打击"结构化发债"违规行为。2023 年 4 月 28 日，《私募证券投资基金运作指引（征求意见稿）》对私募基金参与结构化发债进行严格限制。私募基金管理人及其股东、合伙人、实际控制人、员工不得参与结构化债券发行，不得直接或者变相收取债券发行人承销服务、融资顾问、咨询服务等各种形式的费用。

第二，质押式回购爆仓，导致发行人债券被高折价甩卖，影响发行人存续债券估值，损害发行人利益。

2019 年包商事件对非银流动性造成了较大的冲击，机构开始排查交易对手方风险，并且不愿接受 AA+ 以下的债券质押回购，而结构化发行的债券信用资质通常较弱，导致结构化发行的债券产品融资无法滚续，从而出现部分产品爆仓、债券被大幅折价甩卖的风险。而一旦发行人债券被高折价甩卖，会对发行人的估值产生较大的不利冲击，且该模式之中，私募机构等管理人只是充当管理人的角色，债券实际持有人是发行人，因此折价亏损全部由发行人承担。

第三，部分管理机构可能将高风险债券换入发行人委托的账户之中，造成发行人产品净值的亏损。

在上述回购融资类结构化业务模式之中，私募机构等管理人成立的产品的唯一投资人是发行人，所持有的唯一资产是发行人的债券。但是协议式回购资金方通常会要求管理人用债券组合产品去做协议式回购融资以分散风险，因此管理人需要找其他的产品或者找其他公司的产品"换券"，而部分发行人可能疏于对产品风险的监督以及对债券信用风险的把控能力不足，导致部分管理人可能将部分比如民营地产等信用风险偏高的债券换到账户之中，从而造成产品净值的亏损。

美国高收益债券市场的历史与前沿①

---

① 本章作者为陈凯丰。陈凯丰，瑞士洛桑大学金融资产管理工程研究中心博士，美国汇盛金融公司首席经济学家，纽约大学兼职教授及教授理事会理事。

在美国，高收益债券，也被称为垃圾债券（Junk Bonds），是指信用评级较低的企业债券，通常由信用评级机构评定为"BB"或更低的评级。这些债券的发行人可能存在较高的违约风险，因此投资者要求更高的利率以补偿风险。相较于投资级债券（被评级为"BBB"或更高），高收益债券的信用质量较差，但提供了更高的利率回报。高收益债券通常由财务状况较弱或处于转型期的公司发行，这些公司难以通过传统银行贷款融资。高收益债券市场为这些公司提供了一种融资渠道，但投资者需要承担更高的风险。高收益债券市场的投资者包括对高风险投资感兴趣的机构投资者和个人投资者。这些债券的价格和收益率受到债券市场整体情况、发行人财务表现和市场流动性等因素的影响。高收益债券市场在债券投资组合中可以发挥一定的分散风险和增加回报的作用，但投资者需要注意其潜在的风险和波动性。

一、美国高收益债券市场的起源

美国高收益债券市场的起源可以追溯到 20 世纪 50 年代末和 20 世纪 60 年代初。在二战结束后，美国经济面临高通货膨胀的问题，于是美联储加息应对。20 世纪 50 年代美联储有三次加息周期：1950 年 10 月到 1953 年 5 月、1955 年 10 月到 1957 年 8 月、1958 年 9 月到 1959 年 9 月。这三次加息都导致了美国经济的衰退。战后的这三次衰退导致商业银行的贷款开始收紧，很多企业，包括大型美国企业发现企业融资依赖银行的结构性风险。这个时期，一些信用评级较低的企业开始发行这种类型的债券，以筹集资金并支付较高的利息。

20 世纪 50 年代末到 60 年代初，许多小型企业和新兴行业的公司发现，由于它们的信用评级较低，无法通过传统的银行贷款或债券市场融资。比如民航公司、飞机制造公司，为了筹集资金，开始发行高收益债券，吸引那些寻求高回报的投资者。高收益债券市场的特点之一是风险和回报成正比（表 5.1）。这些债券通常由信用评级较低的公司发行，具有较高的违约风险。然而，为了吸引投资者，这些债券通常提供比传统债券更高的利息回报。当然高收益债券发展的初期还有一些是传统行业面临转型、在商业银行融资困难的企业，比如铁路公司。

在这个时期，美国政府和监管机构开始关注高收益债券市场的发展。他们试图制定监管政策，以确保投资者充分了解这些债券的风险，并促使发行公司提供更多的信息。尽管存在风险，但高收益债券市场在 20 世纪 50 年代末到 60 年代初逐渐壮大。这一时期标志着高收益债券市场在美国金融体系中的确立，并为未来几十年的发展奠定了基础。在 20 世纪 60 年代，有几个著名的高收益债券案例，其中一些对该市场的发展产生了深远影响。以下是其中一些案例。

• 环球航空公司（Trans World Airlines，TWA）债券发行：在 20 世纪 60 年代初，TWA 是第一批成功发行高收益债券的公司之一。TWA 发行了大量高利息债券，用于扩张其航线网络和实现机队现代化。这一举动被认为是高收益债券市场的一个重要里程碑，为其他公司开辟了发行高收益债券的途径。

• 宾夕法尼亚中央运输公司（The Penn Central Transportation Company）破产：宾夕法尼亚中央运输公司是一家大型铁路公司，在 20 世纪 60 年代晚期破产。该公司曾经发行了大量高收益债券，但由于管理不善和财务困难，最终导致了其破产。这一事件引发了监管机构对高收益债券市场的质疑和审查，加强了对该市场的监管。

• 洛克希德飞机公司（Lockheed Aircraft Corporation）救助案：在 20 世纪 60 年代末期，洛克希德飞机公司陷入了财务困境。为了避免该公司倒闭，美国政府通过了一项救助计划，其中包括购买公司发行的高收益债券。这一事件引起了人们对政府干预市场的争议，但也表明了高收益债券市场在企业危机时期的重要性。

这些案例表明，20 世纪 60 年代是高收益债券市场发展的关键时期。市场在这一时期经历了许多挑战和机遇，对美国金融体系产生了重要影响。

表 5.1　美国高收益债券和美国股票的历史风险和回报

	年化回报率 / %	年化波动率 / %	回报率 / 波动率
3 年			
高收益债券	4.48	6.03	0.74
股票	9.61	10.21	0.94
5 年			
高收益债券	6.92	5.25	1.32
股票	14.64	9.48	1.54
10 年			
高收益债券	7.54	10.60	0.71
股票	7.18	15.14	0.47
15 年			
高收益债券	8.92	9.28	0.96
股票	8.34	14.04	0.59
20 年			
高收益债券	6.92	9.05	0.76
股票	7.15	15.07	0.47

注：高收益率以美银美林美国高收益率指数为代表，股票以标准普尔 500 指数为代表，数据截至 2017 年 6 月 30 日。
资料来源：美银美林，彭博，太平洋投资管理公司。

二、美国高收益债券市场发展于 20 世纪 70 年代的混乱时期

在 20 世纪 70 年代，美国经济出现严重的滞胀，股市长期熊市，经济陷入困境。高收益债券市场也经历了一些重要事件和著名案例，这些事件影响了该市场的发展和人们对其的认识。以下是 20 世纪 70 年代一些著名的高收益债券案例。

- 纽约市财政危机（The New York City Fiscal Crisis）：在 20 世纪 70 年代初，纽约市面临着严重的财政困境，主要是由于高额支出和税收收入不足所致。为了筹集资金，纽约市发行了大量高收益债券，但最终仍然陷入了财政危机，迫使政府寻求联邦政府的援助。这一事件引发了人们对城市债务和高收益债券风险的广泛关注。

- 吉布森公司收购案（The Gibson Greetings Takeover）：在 20 世纪 70 年代中期，高收益债券市场被一些企业用于收购和兼并活动。其中一个著名的案例是吉布森公司的收购，这个收购交易被认为是主要使用高收益债券作为收购资金的案例之一。

当然，经济衰退、市场处于熊市时，也是金融创新的黄金时期。20 世纪 70 年代是布莱克 – 斯科尔斯期权定价模型被发明而且被大规模投入应用的时期，也是指数化投资和现代资产组合理论被初步发展和推广的时期。当时的一个年轻人迈克尔·米尔肯，在加州大学伯克利分校（University of California，Berkeley）展现了出色的数学才能，并在学业上取得了优异的成绩，获得了数学和生物学双学士学位。20 世纪 70 年代，他在宾夕法尼亚大学沃顿商学院（Wharton School of the University of Pennsylvania）获得了 MBA 学位。由于有数学和金融背景，米尔肯在沃顿商学院图书馆分析垃圾债券的历史数据的时候，发现了一个惊人的秘密：垃圾债券的收益实际上超额补偿了投资人的风险。这个在几十年后被大家当成理所当然的事实，在二十世纪六七十年代还是不被认可的。当时绝大多数投资人认为垃圾债券属于垃圾，风险远高于收益。

米尔肯在发现了这个"秘密"之后，就开始在华尔街大力推动这个市场的发展。垃圾债券市场逐渐被改名为高收益债券市场。20 世纪 70 年代是高收益债券市场快速发展的时期。米尔肯作为投资银行家被称为"高收益债券之王"，他的工作对高收益债券市场的发展产生了深远影响，并为未来几十年的高收益债券市场奠定了基础。

三、20 世纪 80 年代美国高收益债券市场的繁荣时期及其危机

20 世纪 80 年代是美国高收益债券市场的繁荣时期，被称为"黄金时期"（图 5.1）。许多投资银行开始发行大量高收益债券，帮助许多企业筹集了大量资金。这一时期还出现了一些著名的收购交易，这些事件塑造了该市场的发展轨迹并对金融市场产生了广泛影响。

• 80 年代的德雷克塞尔·伯纳姆·兰伯特（Drexel Burnham Lambert）：德雷克塞尔·伯纳姆·兰伯特是一家非常老牌的投资银行，成立于 1935 年，起初是一家小型投资银行。在二十世纪五六十年代，公司逐渐扩大规模，开始提供更多的金融服务，如企业融资、兼并收购和财务咨询等。德雷克塞尔公司的办公室原本位于纽约和费城。而米尔肯加入公司后，成为公司在 20 世纪 80 年代最重要的人物之一。他领导公司的高收益债券部门，推动了高收益债券市场的发展。由于米尔肯的做法帮助蓄意收购公司者（Corporate raiders）融资去并购传统美国企业，受到华尔街传统投行的排挤，米尔肯干脆决定把他的高收益债券部门搬去了美国西海岸的洛杉

矶。米尔肯被誉为"高收益债券之王"，在他的领导下，高收益债券的利润大幅增长，基本上碾压了其他所有分部。

- 80 年代高收益债券最有名的案例——雷诺兹－纳贝斯克（RJR Nabisco）收购案：1988 年，烟草和食品巨头雷诺兹－纳贝斯克公司的股权收购案成为当时最大的企业收购案之一。该收购交易由私募基金部门 KKR（Kohlberg Kravis Roberts）主导，其中使用了大量高收益债券融资。这一事件被描述为"史上最疯狂的收购"。

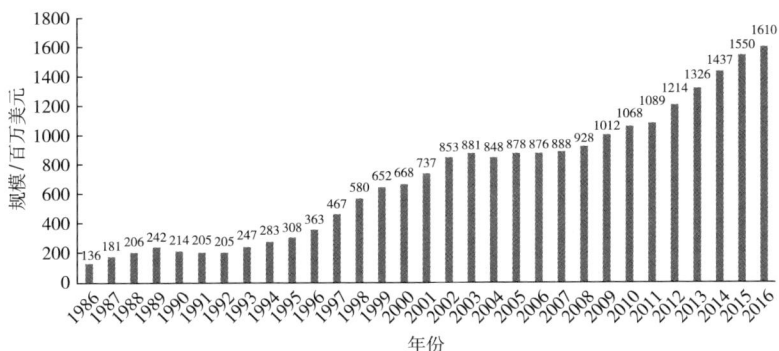

图 5.1　1986—2016 年美国高收益债券市场规模增长了 11.8 倍

注：数据截至 2016 年 3 月 31 日。

数据来源：Peritus 资产管理公司。

高收益债券发行规模大幅上升后，也出现很多的违约情况，特别是 20 世纪 80 年代的储蓄贷款危机。储蓄贷款危机是 20 世纪 80 年代末和 90 年代初美国金融史上的一场严重危机。在这场危机中，许多储蓄贷款协会因投资高风险的高收益债券和房地产项目而破产。这一事件导致了数百亿美元的纳税人资金用于救助这些储蓄贷款协会。在 20 世纪 80 年代末，高收益债券市场遭遇了一次严重的崩盘。由于投资者对高收益债券的需求下降，许多高风险企业无法再融资，导致市场崩盘。这一事件对金融市场产生了长期影响，促使监管机构对高收益债券市场进行了更严格的监管。德雷克塞尔银行也在20世纪80年代末因违犯证券法而被美国司法部起诉后破产，米尔肯也被判刑入狱。但米尔肯对高收益债券市场的贡献可以从多个方面进行详细说明。

第一，开拓了新的融资渠道。在20世纪70年代末和80年代初，传统的融资渠道，如银行贷款和股票发行，对于一些财务状况较差或信用评级较低的公司来说并不容易获得。米尔肯推动了高收益债券市场的发展，为这些公司提供了一种新的融资方式。通过发行高收益债券，这些公司能够获得所需的资金，促进了它们的发展和扩张。

第二，提高了市场效率和流动性。米尔肯的高收益债券市场为投资者提供了更多选择，使市场更加灵活和多样化。投资者可以通过购买高收益债券来获取较高的利率回报，而企业则可以通过发行债券来融资。这提高了市场的流动性和效率，为经济发展提供了支持。

第三，促进了企业创新，提升了企业的竞争力。高收益债券市场为企业提供了获得资金的机会，使它们能够进行新产品开发、市场扩张和技术创新等方面的投资。这些举措有助于提高企业的竞争力和创新能力，推动了整个行业的发展。

第四，带动了就业机会的增加。通过促进企业的发展和扩张，高收益债券市场也为就业机会的增加做出了贡献。新兴企业通常需要大量的人力资源来支持其业务的发展，因此高收益债券市场的繁荣也创造了更多的就业机会。

米尔肯在 20 世纪 90 年代初因证券欺诈等罪名被判入狱。他被控利用德雷克塞尔公司的资金进行非法交易和操纵市场，最终被判处 10 年有期徒刑。米尔肯在监狱中度过了几年时间，于 1993 年获得假释。出狱后，他开始从事慈善工作，并成立了米尔肯研究所。该机构致力于研究全球经济、健康和教育等领域的问题。米尔肯也通过慈善捐赠和公益活动回馈社会，并积极参与社会各界的活动。总的来说，米尔肯对高收益债券市场的贡献在于推动了这一市场的发展，为企业提供了新的融资渠道，促进了市场的效率和流动性，带动了就业机会的增加，推动了经济的发展。他对金融市场的影响和贡献是显著的。

四、美国高收益债券市场的复苏和重新崛起

20 世纪 90 年代中后期，美国市场逐渐复苏，一些监管改革和行业整合也有助于提高市场的稳定性和透明度。2000 年互联网泡沫破裂对于高收益债券市场又产生了一次严重影响。20 世纪 90 年代末和 21 世纪初，由于投资者前期高估了互联网公司的价值，导致出现许多互联网公司股价暴跌的情况。这一事件对高收益债券市场产生了重大影响，许多持有科技公司债券的投资者遭受损失。高收益债券对于经济周期的依赖和敏感度在 2008 年金融危机时再次显示出来。2008 年金融危机导致许多银行和金融机构陷入困境。

在这一时期，许多高收益债券发行人面临违约风险，许多投资者遭
受损失，高收益债券市场受到严重冲击。近年来，美国高收益债券
市场逐渐复苏。尽管存在风险，但由于提供了较高的利息回报，许
多投资者仍然对这个市场感兴趣（图 5.2）。一些新兴市场和新兴行
业也开始在高收益债券市场上发行债券，进一步丰富了市场的多样
性和活力。

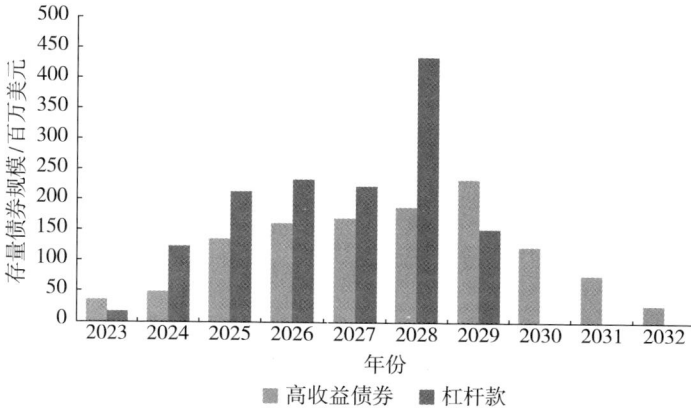

图 5.2　美国目前市场存量高收益债券的到期时间情况

数据来源：Janus Henderson。

2009 年以后，全球各发达国家包括美国长期实行零利率政策，
给高收益债券市场也带来了新的变化。

第一，金融监管加强。金融危机之后，监管机构加强了对金融
市场的监管，包括对高收益债券市场的监管。这些监管措施包括加
强透明度要求、提高资本要求和加强风险管理要求，旨在降低系统
性风险和保护投资者利益。

第二，受到寻求高回报的投资者青睐。自 2008 年金融危机以

来，许多发达国家采取了宽松的货币政策，包括降低利率和实施量
化宽松政策。这导致了低利率环境，使高收益债券成为寻求高回报
的投资者的选择之一。

第三，市场创新。高收益债券市场在过去几年中出现了一些创
新，例如高收益债券交易基金（ETFs）的出现。这些创新为投资
者提供了更多投资高收益债券的选择，同时也带来了新的投资机会
和挑战。

第四，受到新冠病毒感染疫情的影响。2020年暴发的新冠病
毒感染疫情对高收益债券市场产生了重大影响。许多公司面临现金
流问题，违约风险上升，导致高收益债券市场再次陷入动荡。

目前，美国发行高收益债券的行业主要是汽车、能源矿产、博
彩和酒店、零售、建筑材料、民航和娱乐行业（图5.3）。

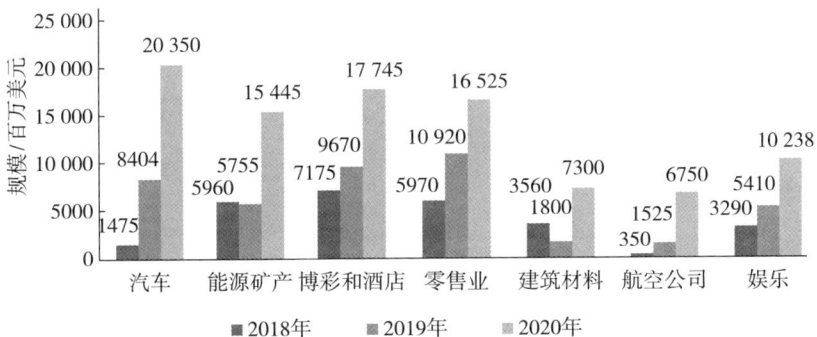

图 5.3　2018—2020 年美国高收益债券的发行人行业情况

数据来源：Acuity。

从买方角度来看，高收益债券的投资人主要是共同基金、保险
公司、退休金这三大主力机构投资人。其他包括对冲基金、混合基

金等有一些小额投资（图 5.4）。

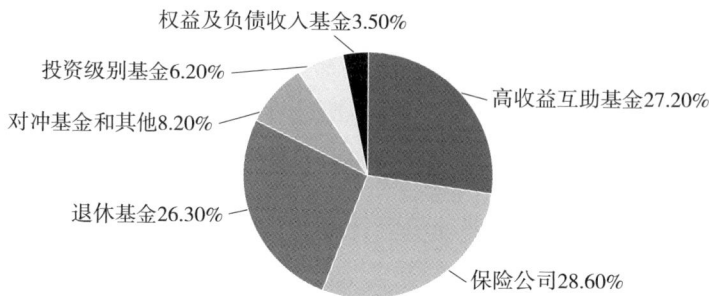

图 5.4　美国高收益债券持有人情况

数据来源：Peritus 资产。

　　从评级来看，美国企业债券发行人最大的比例在于 BBB。其中 BBB- 就已经属于高收益债券类别（图 5.5）。

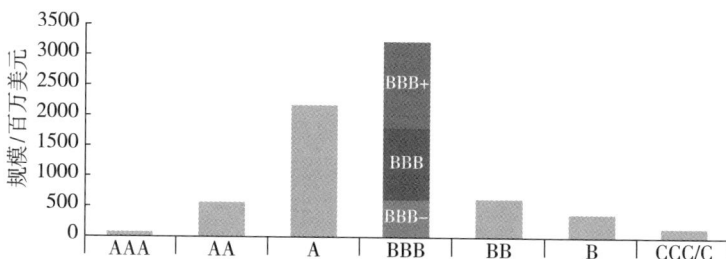

图 5.5　2024 年美国企业债券评级情况

数据来源：标准普尔。

五、高收益债券市场的展望

　　美国高收益债券市场的未来发展受多种因素影响，包括以下因素。

第一，经济环境。

• 经济增长：若全球经济持续增长，企业赢利状况可能改善，高收益债券违约风险降低，投资者对高收益债券的需求增加。

• 通货膨胀：通货膨胀率上升可能导致中央银行加息，提高债务成本，对高收益债券市场构成挑战。

第二，货币政策。

• 宽松政策：持续的宽松货币政策可能提供低利率环境，促进债券市场的流动性，高收益债券市场表现更好。

• 紧缩政策：紧缩的货币政策可能导致利率上升，增加债务成本，对高收益债券市场形成负面影响。

第三，利率环境。

• 低利率：在低利率环境下，高收益债券可能成为投资者寻求高回报的选择，推动市场需求。

• 利率上升：利率上升可能导致债券价格下跌，增加高收益债券市场的风险。

第四，市场创新。

• 新产品和工具：高收益债券市场可能会引入更多新产品和工具，如高收益债券交易基金，为投资者提供更多投资选择和流动性。

• 数字化和科技创新：数字化和科技创新可能改变高收益债券市场的运作方式，提高市场效率和透明度。

第五，全球经济和政治风险。

• 贸易摩擦：贸易紧张局势可能增加市场波动性，影响高收益债券市场表现。

• 地缘政治风险：地缘政治紧张局势可能引发避险情绪，投资者对高收益债券的需求增加。

第六，ESG（环境、社会和治理）因素。

• ESG投资：投资者越来越重视企业的环境、社会和治理实践，可能推动高收益债券市场向更可持续的方向发展。

第七，技术创新。

• 区块链技术：区块链技术可能改变债券市场的结算方式和交易方式，提高市场效率和透明度。

• 人工智能：人工智能可能改进风险评估和投资决策过程，提高投资者对高收益债券市场的信心。

第八，全球政治。

• 全球政治不确定性：全球政治环境的不确定性可能导致市场波动性增加，影响高收益债券市场的表现。

第九，市场流动性。

• 流动性风险：市场流动性不足可能导致高收益债券价格波动加剧，投资者面临更大风险。

第十，监管环境。

• 监管改变：监管环境的变化可能影响高收益债券市场的发展和投资者行为。

综上所述，高收益债券市场的未来发展受多种因素影响。投资者应密切关注市场动态和相关因素的变化，制定相应的投资策略。笔者也观察到，最近十年杠杆银行贷款（leverage loans）和私募贷款（private credit）发展非常快，从很大程度上夺取了很多传统高收益债券发行人的市场份额。总的来说，美国高收益债券市场的历史充满了起伏和挑战，但它仍然是一个重要的金融市场，吸引着许多投资者寻求较高的回报。

参考文献：

Frank Fabozzi. The Handbook of Fixed Income Securities[M]. Business One Irwin, 1991.

06 第六章
Chapter 6

杠杆收购的核心要素与公司控股权市场[①]

---

① 本章作者为全联并购公会创始会长王巍、全联并购公会副会长渔童。渔童，清华大学五道口金融学院 EMBA，曾参与多家企业重组、融资和并购，目前担任金融博物馆馆长。

一、杠杆收购简史

杠杆收购是由一批以投资银行家为代表的新金融家发起的并购方式，核心在于以被收购方的资产负债去收购企业。

美国杠杆收购的历史比较久远，但真正引起市场关注应该是在20世纪80年代初。当时，美国财政部前部长威廉·西蒙（Willian Simons）通过杠杆并购的方式收购了贺卡制作公司吉布森公司。在这笔交易中，他实际只投入了33万美元，三年之后却套现了7000万美元的收益，赚了一笔大钱，这个案例一下就使他声名大噪。

20世纪80年代，美国有4000多个公开的杠杆收购交易，其中最重要的是著名的杠杆收购公司KKR收购雷诺兹－纳贝斯克这个规模很大的食品与烟草公司。这一次收购KKR用不到20亿美元，撬动了320亿美元的融资总量。华尔街为此拍了一部电影，名为《门口的野蛮人》。

这两个杠杆收购案例是当时的标志性事件，也使整个美国金融市场进入人们所称的"杠杆收入的黄金 10 年"。

美国杠杆收购的背景是什么？早期的资本主义是股东资本主义，大股东决定上市公司的管理。到 20 世纪 30 年代之后，公司集团越来越复杂，科技发展越来越快，管理人已经取代了股东成为公司的实际控制人，这就进入了管理资本主义时代。管理资本主义有好的一面：贴近市场，支持企业长期增长。但也有不好的一面，就是管理者会无视股东的利益，不断扩大公司，提高管理层待遇，缺乏管理效率。这个时候出现了金融资本的干预，通过杠杆收购来重组公司，被称作金融资本主义阶段。从管理资本主义到金融资本主义，推动了美国 20 世纪 80 年代杠杆收购的十年大洗牌。

资本市场上的莫迪格利安尼 – 米勒定理（MM 定理），是由美国经济学家弗兰科·莫迪格利安尼（Franco Modigliani）和默顿·米勒（Merton Miller）于 1958 年首次提出的一种关于公司资本结构与市场价值关系的理论。如果各种假设条件不变的话，公司的资本结构无关紧要，股权或负债融资并不影响公司的价值。但是，正是由于市场的各种假设条件都在变化，特别是美国 20 世纪 80 年代金融自由化之后，借债可以减息，可以免税，因此，MM 定理在实际应用中就是鼓励了高杠杆负债，让资本效率更高。杠杆比例提高会提升公司价值，同时又出现了高收益债券的创新，杠杆收购就如鱼得水，得到了大发展。

从历史上看，美国 20 世纪 80 年代的高收益债券和杠杆收购完成了对传统产业和传统公司的资本结构洗牌，促进了高科技、医疗、通信和传媒这几个新兴行业的大规模崛起。今天，我们看到很多非常活跃的全球公司都是从 20 世纪 80 年代的资本市场中培育出来的。而在 20 世纪 80 年代之前，主流产业都是制造业、钢铁业、汽车业、航空工业等。在美国，20 世纪 70 年代是很让人悲观的时代，越战失败、经济被日本超越、石油价格上升、滞胀等。这时上台的里根总统推行金融自由化，和大洋彼岸的英国撒切尔夫人一起实行自由资本主义，还特别取消了金融的 Q 条例。金融自由化之后，大概 15 年时间里，金融创新、杠杆收购不断，引发传统行业的资源向新生行业转移，这是重大的历史进步。

二、杠杆收购的核心要素

首先，杠杆收购不是传统意义上的负债融资。传统意义上的负债融资是收购方负债，债务在收购方身上，收购方借钱去收购。杠杆收购则是收购方用被收购方的资产去负债融资，是以被收购方的资产抵押融资。负债的重心在被收购方，不是在收购方，这是重大区别。有一个很重要的词"bootstrapping"，源于德文，意思是一个人陷入泥潭之后，靠拉自己的鞋带，把自己拉上来。杠杆收购的核心是依靠自己的力量自己去融资，把自己救出来。这里涉及一个重大的观念革命，判断公司价值的重心改变了。观察一个公司是不是好公司，看它是否赢利，这是普通的、主流的、传统的观察方式。对于杠杆收购者来说，他们不关心是否赢利，他们更关心的是现金流。赢利或亏损都无所谓，只关心是不是有现金流，而且能不能进行交易，这才是杠杆收购的核心。这种观念转变的背后需要金融环境的支撑，如果没有金融自由化和高收益债券的创新，就不可能有杠杆收购。

杠杆收购的关注点是什么呢？第一，发掘现金流。传统的会计报表有三张——资产负债表、损益表和现金流表，但绝大部分人看不懂现金流表，只看前两张表。投资银行家和杠杆收购者关心的是现金流表，他们一般关注传统产业，尤其是家族企业，因为现金流稳定，另外关注低负债，有负债空间，这就是当年美国杠杆收购的主战场。第二，要高度关注利率变化，因为利率决定资本的结构调整。根据利率变化，公司会调整资本结构，有时债券多，有时股权多，有时可转换债券和其他衍生产品多，等等。公司要用高市盈率来收购低市盈率。所以，一家公司到底有没有价值，就是看现金流如何，市场利率水平怎么样。第三，核心管理能力。能不能找到好的管理人，然后让管理人以个人身份投入股权。不是送给管理人管理股，而是管理人自己投钱，与金融投资家共命运。

严格来说，以 KKR 为代表的收购者操作程序一般是这样的：专业投资者在发现公司价值被市场低估之后，立即向银行融资或发行公司债券（往往是高收益债券），用负债方式来提出收购建议，尽量减少自己投入的股本金。而且，这些投资者往往要求未来的企业管理者同样入股，确定激励机制，保证投资者与管理者的利益一致。收购者特别关注企业的现金流量，如果现金流能够弥补负债的利息支出，而且还有结余的话，那就非常好。在一段很长的时间内可以完全靠现金流支付负债，同时重组公司、开源节流，提高公司的市场价值，最后在市场上以高价卖出企业，实现价值。因为股本金少，卖出之后的所得主要是收购者自己拥有，所以能获得巨额利润。

三、杠杆收购再造经济结构 ①

以小购大、以弱购强的事件在资本市场上并不新鲜，用负债收购企业也是正常的，但是在高收益债券的配合下，用几倍甚至几十倍于股本的负债进行收购，而且一批专业金融家依托供给充沛的高收益债券市场并根据公司的市场价值来设计制造收购事件却是20世纪80年代的新趋势。

在杠杆收购的高潮期，许多专业收购公司创造了许多新融资技术和管理机制，将资本效率与管理效率有机结合起来，在改造一大批成熟企业集团的同时，也为自己创造了惊人的财富。由三位合伙人组成的KKR并购集团在不到20年的时间里，由20万美元起家竟发展到拥有6家全球500强企业，资产超过600亿美元。正是这种全然不同于传统的金融家做派推动了业界对于杠杆收购的深刻体验，也引发了长达20年的争论。

杠杆收购在整个经济体系中至少产生了两大影响。一是推动了美国的公司治理结构的改善。早期的美国公司都是创业者缔造的，成功后雇用了一批职业管理者。尽管管理者也非常优秀，但一般没有股权，从而没有太大的业绩激励。自然地，这些管理者更倾向于雇用平庸的人，以保证自己地位的稳定，不愿创新。这样一代代发

---

① 本节部分文字摘自《投资银行家与企业价值的创造》，文章出自干巍、李青原等著《品味资本》，北京：中国时代经济出版社，2002年。

展下来，管理者就越来越无能了。在金融投资家看来，如果管理层无能、低效率的话，投资家就可以选择好的管理者一起融资收购这个公司的股权，把原来的管理者驱逐出去，这样就提高了公司的运转效率，同时，给予新管理者以相当的股权，避免历史重演。这就是真正意义的管理层收购（Management Buy-Outs，MBO），与我们国内通常和产权改革相关的管理层收购全然不同。

另一个影响就是开始注意公司财务，也就是我们经常说的资本运营。正如米尔肯所说："资本结构是企业管理的核心，它将提升公司价值。"[①] 由于有负债的压力，大家除了关心产品生产外，更多地关注公司的资本结构和融资技巧。詹森指出，金融技术的进步淘汰多余资本，提高资本效率成为企业管理的首要功能。[②] 事实上，公司融资结构中的负债比率、融资周期、偿付次序、股债之间的可转换性等技术特征对于公司决策的影响都十分重要，需要成熟的市场条件和专业机构来运作。专业的金融家与管理者需要根据市场变化和公司战略来设计融资工具并展现财技，反过来，融资工具的复杂和金融市场的变化也同时制约公司战略的调整。20 世纪 80 年代，金融家对整个美国经济的推动作用是很显著的。杠杆收购的一个基本条件就是金融市场的成熟。必须有成熟的金融市场，才可以使市场的资金愿意交给那些有眼光的金融家和企业家，允许他们组成

---

① Milken, M. R. "The Corporate Financing Cube" In Joel Kurtzman, Business Encyclopedia. New York: Crown Books，2003.

② Jensen, M. Agency Costs of Free Cash Flow, Corporate Finance and Takeovers ［J］. American Economic Reriew, 1986，76: 323 -329.

"梦之队"，收购企业，提高公司的市场价值。

谈到管理层的作用，必须谈到金融市场的另一种重要重组机制——Tender Offer，也就是标购。每个管理层都有这样一种自然倾向，就是长久维护自己的位置，实现自己的抱负。有些抱负是和股东利益联系在一起的，而也有一些动机是和企业长期股东价值没有关系的。很多企业特别是在繁荣的时候，更多想到成就感，买飞机、买游轮、高额消费，实际上损害了股东利益，而股东又无法制约。因为在美国，股权分散在千百万股民手里，他们不是公司的直接所有者，所以只能"用脚投票"的方式选择公司而不是管理者，这样就助长了管理层浪费公司资本的情况。如果是在我们国内，也许就会采用政策、教育、道德来约束，在西方则是通过资本市场上的标购来选择。标购主要是指收购者绕过管理层直接面向股东提出收购公司的建议。多个标购者会在价格竞争中表达自己的战略意图和管理能力，在股东和董事会的公开选择下胜出。

标购能够淘汰无能的管理者，提高公司效率，是非常正面的一种工具。所以许多经济学家认为标购是对资本主义的修正，是资本主义的"修理厂"，可以提高资本主义的效率。[①] 在任何市场，不论资本主义、社会主义，公司管理都存在如何提高效率的问题。有善意的、谈话的低调方式，也有强劲的恶意方式，这样才能保持管理层的危机感和资源的有效分配。

---

① Ceorge P.Baker. The New Financial Capitalists: Kohlberg Kravis Roberts and the Creation of Corporate Value［M］. Cambridge University Press, 1989.

四、金融家与管理者的结盟

金融家的并购有两大类。一类是战略收购，主要是长期持有一种产品、服务或一种行业而不断实现最大化的市场份额。另一类是融资并购，这种方式并不关注某种行业或特定产品和服务，更多关心的是公司价值，如果公司价值低就买，一旦公司价值升高，就卖出。这两类都是金融家的舞台。在中国，当然在美国也一样，大多数人更接受战略收购，认为这是做实的，是有价值的，而且价值能比较明显地表现出来。而对金融并购，更多地被认为是投机，仅仅转移利润，甚至巧取豪夺。实际不是这样。由于金融家随时关注公司的市场价值变化，随时通过交易来转移控制权并获得收益，从而迫使管理层提高警惕，不断提高效率，使公司价值接近市场价值，使投资者无机可图。这样形成的强大市场压力迫使管理者提高管理效率，不断提高公司价值。

另一方面，融资并购是很有选择性的，需要准确地判断，是"沙里淘金"。金子从沙子里没有淘出来时，没有人说里面有金子，但一旦淘出了金子，就是创造价值。由于我国金融市场不成熟，有内线坐庄、基金黑幕等一系列事件的出现，大家对金融买家有强烈敌意，包括政策上也有些敌意，这是可以理解的。逐渐发现金融买家的正面作用，是一个市场成熟的表现。严厉地打击经济犯罪的法律实际上保护了正常的金融买家的行为。凡是创新，都有一个创新的破壳状态，其中必然有代价，包括美国、中国都是这样。做金融创新都有很高的社会成本，做成了大家跟着走，不会记得是你千辛万苦闯出来的；而一旦出现问题，尤其是由于法律不健全出现的失误，那么这个代价就可能由个人承担，甚至要蹲监狱。哪 怕是一个臭名昭著的丑闻也可能有其正面的积极意义。中国的证券业也曾经出过很多丑闻，如果吸取经验教训并看到其正面意义，那么这些丑闻就没有白白出现。

在并购历史上，20 世纪 60 年代的第三次并购高潮是以企业家的管理能力为中心的多元并购，形成了许多企业财团，这一时期往往被称为是管理资本主义的时代。到了 20 世纪 80 年代的第四次并购高潮，一批投资银行家出现，更主张提升公司价值，通过公司交易淘汰落后管理者，也被认为是金融资本主义复苏，战胜了管理资本主义。[①] 事实上，高收益债券和杠杆收购的结合创造了新形式的资本主义模式，金融资本主义和管理资本主义结盟，共同淘汰低效率的企业和产业，改造资本结构和经济结构。只有在这个基础上，美国才得以顺利迎接互联网时代的产业技术革命，才得以展开面向全球化的资源整合时代。

新的金融家和管理者的结盟必须有共同的市场化基础，适应竞争生存的环境，而不是依赖管制和特权。在我国的市场环境中，显然，金融家和管理者都处于生长的初期，还缺乏独立生存的能力，遑论战略结盟的基础。没有市场竞争环境，中国的金融家和管理者都没有绝处求生的竞争动力，也没有声气相求的联盟愿望。不开放市场，就是用摇篮来扼杀发育中的儿童。在这个意义上，高收益债

---

① Ceorge P.Baker.The New Financial Capitalists: Kohlberg Kravis Roberts and the Creation of Corporate Value［M］. Cambridge University Press, 1989.

券和杠杆收购的展开过程就是市场开放的过程，它给予本土金融家和管理者市场竞争的压力与体验，给予他们创新发展培育竞争力的空间。

五、争夺上市公司控股权 ①

并购，就是争夺公司控制权。公司控制权本应当是更为专业的投资者关注的事情，在成熟的西方资本市场上原本都是少数投资银行家、金融买家和战略投资人圈中的活动。高收益债券和杠杆收购将公司控制权的争夺提高到空前的规模和强度，造就了一代富豪，也淘汰了一代老英雄，从此公司并购才成为大众的焦点和好莱坞的故事。今天，随着中国本土资本市场的发展，40 年前的美国并购大战也将会在中国重演。近年来，几乎全球最为重要的私募股权投资基金，包括 KKR、凯雷等都云集在中国市场周围，窥测并觊觎着尚在萌芽的中国公司控制权市场。

中国市场上的公司控制权大体经历了三个阶段。第一阶段就是创立上市公司时期的国有控股阶段。通过国有股和法人股不得流通的契约，所有上市公司都牢牢把握在国有企业手中。即使是控制权转移也不过是上级主管部门的分工而已，并没有实质性的价值变化。市场投资者关心上市公司的股东出身和比例结构用以判断政策优惠程度。部委、地区或产业的垄断程度、政策关怀力度、对外开

---

① 本节部分观点作者曾在《证券市场周刊》2006 年 5 月刊《全流通控制权七点论》一文中表达过。

放的特权等指标就是第一批投资者进退操盘的依据，即所谓的市场基本面分析。

20 世纪 90 年代中期，法人股的分化与转让导致第二阶段公司控制权的变化。所谓高科技的概念、更换主营业务、提升产业以及外资入股等都成为新的噱头，当然多数公司也的确达到了目的。投资者群体因此也有了对公司控制权进行技术分析的机会。

2005 年启动的股权分置改革与上市公司股份全流通成功完成，消除了股份转让的制度性差异，全面提升了中国资本市场的流动性和效率。股权分置改革是中国资本市场发展史上的一个重要里程碑，它不仅解决了历史遗留问题，还为市场的进一步发展奠定了坚实的基础。更重要的是，开启了一个中国上市公司控股权重组的时代，为高收益债券和杠杆收购等金融创新工具开辟了广阔的空间。

第一，传统股东（政府和国有企业为主导）对资本市场的整体控制度降低。全流通造就的新一代股东群体迫使老股东用市场模式经营。同样，日益复杂的所有权体制和国际投资团体的进入，也迫使政府从国有企业的"家规"提升到恪守公共治理框架的"国法"，这是历史进步。

第二，上市公司的股权收购将表面化而且不可回避。新公司法使公司结构的重组更加便利，财务高手只要控股 30％甚至更少就可以控制绝大多数目前的中国上市公司。所有上市公司都需重新审视自己的合作者和竞争者，重新定位资本战略和经营战略。用先进的管理者淘汰落后的管理者是公司控制权的题中应有之义。

第三，所有上市公司的价值将由市场重新定价，股东重新洗牌。过去控股股东可以从容不迫地蹂躏壳资源，剥夺股东权益，将上市公司这样的产业先锋队变成一批批前赴后继的"吸血鬼"。市场进出不自由，股东进退不自由。资本市场创造了收购的环境，特别是敌意收购的市场。所谓敌意，不是道德意义上的判断。要知道"扫帚不到，灰尘照例不会自己跑掉"。敌意收购一旦启动，我们现存的上市公司就要经历一个重新估值的程序，我们的控制者就要被重新洗牌。如果我们不自己洗牌，国际资本就会帮我们洗牌，好牌就会到别人的手中了。

第四，中国金融的改革几十年来强调了金融的特殊性，而忽视了金融的企业性。杠杆收购和高收益债券将以市场的力量推动官方的金融体制改造，用金融技术的突破取代可望而不可即的金融战略宏图。基金、信托、融资、创投、理财等工具都已经在公司控制权洗牌过程中重新启动，过程会十分丰富和曲折。吸取民间金融智慧恐怕是监管者无可奈何的选择。

第五，投资银行作为中介机构成为市场主力，构建出一个沟通投资群体和企业家群体的市场通道。中介机构不再靠金融特权和政府金融资源进场，必须依赖服务能力、视野和技术。全流通市场才可能造就本土真正的投资银行。同样，一大批专业中介机构的崛起才能保证全流通市场的巩固和不可逆转。

第六，企业家领袖的个人魅力得到展现。以前我们在大肆渲染并购事件的报道中，在背景、政策、价格、结局等因素外，很少了解是谁在策划、操作和完成这样一个过程的。此后，投资者会与中介机构一起选择喜欢的企业家，选择喜欢的上市公司。中国上市公司的差异将越来越大，企业家的个人激情与魅力将成为上市公司的重要价值要素。

六、中国的机遇

中国是有一些初期案例的。1993 年，深圳宝安集团收购上海延中实业，是完全市场化收购的一个成功案例。由于这次收购，证监会才开始出台一系列规则。后面一次比较大的收购，是 2016 年的"宝万收购"——宝能收购万科。双方都是业界领袖，也是"网红"。双方激励的争夺非常戏剧化，最后政府力量进入用非市场的因素终止了"宝万之争"。这两次收购都涉及杠杆收购的许多因素，都是高负债，而且都是敌意收购，各种阻击包括"毒丸计划""焦土战术""白衣骑士"，几乎所有的杠杆收购的手段都用上了。

为什么中国很难做杠杆收购？有三个因素：第一是观念。大家认为做杠杆收购的人都是坏人，是"野蛮人"，不是在创造价值，只是在掠夺。这种观念不仅在中国盛行，在美国 20 世纪 80 年代也弥漫着这种观念，当时所有关于华尔街的影视、文学作品都在抨击杠杆收购。直到 20 年之后，杠杆收购才被美国的市场主流基本认可。包括"高收益债券之王"米尔肯当年也被判刑，后来才被"平反"，而且被认为是一位伟大的金融创新家。历史上即便是一些当时被认定的资本大盗，如 J.P. 摩根、洛克菲勒等，后来也被发现了推动历史进步的正面力量。当然，这种观念的转变，在中国还需要一段时间。第二，监管问题。目前对杠杆收购的监管条例较多较细，缺少市场化的空间。中国上市公司彼此并购很难，案例很少。第三是融资，没有市场化融资。前面说过高收益债券的核心不在收益高低，而在于发行主体是谁。是否允许民营机构有发行债券的权利，而不是依托国企，依托政府，这是一个核心问题。2023年央行等八部委发布支持民营企业发展的条例，很重要的一点就是支持高收益债券市场，核心就是给民营企业自救提供条件，允许民营企业发行高收益债券。其实，国有企业并不需要高收益债券，因为它有太多机会拿到各种资金，只有民营企业需要。我觉得现在是企业自救的时候，即困境企业如何通过创新债券来自己救自己。

在中国推动杠杆收购有很多好处，主要有以下三点。第一，提升上市公司能力。通过杠杆收购推动上市公司重组，上市公司的资本效率、管理效率以及行业创新、转型的能力都将有巨大提升。第二，提升整个社会的资本能力。信托、银行、保险市场，包括社保基金，都是当年推动整个美国社会转型的资本力量。这些主要力量都不是直接进去，而是通过高收益债券和杠杆收购，从后台来支持的。如果中国能够把这两个市场打开，这些行业的社会资本将更有效率，而且能增加更多新的资本。第三，公司治理的革命。中国上市公司包括资本市场还存在很大的进步空间，一个很重要的原因是大股东"一统天下"。我做过20多家上市公司的独立董事，可以说独立董事都是"牌面"，起不了什么作用。以大股东控制的上市公司为主导的市场是偏瘫的市场。大股东一股独大，管理层说了不算，投资人没有机会，小股东更没有机会。西方成熟的资本市场是保护小股东的，中国市场目前是保护大股东的，这需要长期的调整过程。

07 第七章
Chapter 7

杠杆收购的 30 年实战体验①

---

① 本章作者为美国律师、国际投资银行家施迈克（Michael Spiessbach）。施迈克曾出任国际著名媒体公司总裁。

一、杠杆收购的兴起过程与思考

最初，杠杆收购（LBO）被称为"bootstrapping"，直译是通过拉自己的鞋带作为杠杆来拖曳自己，意指依靠自己的力量，也称"步步为营法"。"bootstrapping"一词的起源可以追溯到德国蒙克豪森（Münchhausen）男爵写的一部小说。男爵自称他曾经将深陷沼泽的自己拉了上来，而所依靠的仅仅是他自己的头发。该词后来在更加正式的版本里面也有记载，通常适用于一些小企业通过负债杠杆，将自己从商业中的困难境地解放出来。

在 20 世纪 60 年代之前，负债的应用、杠杆收购在美国并不流行。由于其风险性高，人们只是偶尔或者在必需的时候才使用它。20 世纪 60 年代，一些金融思想家认识到，在传统的金融法则中存在一些特殊的地方——债务杠杆更应该被视为一种融资工具，而不仅仅是应急的解救措施。他们假定，如果使用得当，巨额的债务不会像过去理解的那样产生巨大风险。于是，把公司视为一种可交易商品的新观点开始兴起，公司也可以像汽车一样被买卖、再买卖，这种新方法可以在短期内获得和控制一家公司。而从传统意义上讲，公司只能是被建立，然后长期持有经营，不能像二手汽车一样转移其所有权。

早期的杠杆收购实践者看到了高债务融资的可能性，如杰瑞·科尔伯格（Jerry Kohlberg）组建了世界著名的杠杆收购公司KKR集团，并成为这一领域早期的从业者。20世纪70年代后期，笔者担任《财富》排名第10位的制药业跨国公司——强生公司的总法律顾问办公室的并购专职律师。当时我们以公司股票作为收购的支付手段，很少通过债务融资来筹措资金，并使强生公司的收购得到了战略性的提升。虽然当时强生公司还没有利用高杠杆收购技术，但笔者作为一名并购实践专业人员，开始对杠杆收购方法进行了系统的了解和大量的关注。20世纪80年代初，当笔者涉足杠杆收购时，这项技术开始得到越来越多的运用。但是，直到美国财政部前部长威廉·西蒙组建韦斯雷（Wesray）公司时，杠杆收购交易才向华尔街和世界投资界展示了其十分有利可图的一面。在很短的时间内，杠杆收购这种收购方式走向了制度化。不久，笔者也成为这家杠杆收购先锋公司负责国际事务运作的主席。

真正标志着杠杆收购迈入产业化交易阶段的事件是韦斯雷公司对吉布森公司的收购——韦斯雷公司于1981年用8100万美元从美国包装公司（PCA）手中购买到吉布森公司。此前，无论是该行业其他公司，还是其他跨行业的综合性公司 ① 的子公司，这一已发展到成熟期的方法并没有被作为金融业务加以推广和采用。可以这样说，吉布森是被韦斯雷金融财团作为证券投资而展开收购的，而这次交易严格地讲构成了一次金融交易。韦斯雷只用了非常少的自有资金（100 万美元）和占购买价格非常高比例的多种债务工具（8000 万美元，超过购买价的 98%）完成了交易。因此，杠杆收购的发起者们逐渐意识到，实施一项杠杆收购的所有潜在前提，是用尽可能少（理想状态是没有）的自有资金来获得一家公司的控制权。在本收购案中，实际资本投资总计少于总购买价格的 1.24%。令人难以置信的是，据笔者了解，其他一些杠杆收购的投资利润是不可能计算出来的，因为这些交易（或者说是大宗交易）的完成甚至不会让发起人动用任何自有资金去冒险。

吉布森公司这笔相对小额的交易最初并不容易引人注意。但是，一年半以后，当它通过公开发行股票上市的时候，其影响力开始不容忽视——这家公司的股票发行后，以最初 100 万美元的成本换来了相当于 3.3 亿美元的回报。那种认为公司的价值只能经过长期、逐渐增值的传统观念已经不再成为永恒不变的格言。在适宜的条件下，可以通过大量债务的使用，来促进所控制的资产和权益的增值。这种传统观念的改变，无论从历史的角度来看，还是从当时的经济环境出发，都是经过深思熟虑的。然而，它又是如何成为可能的呢？

---

① 跨行业的综合性公司是指那些收购了不同商业领域的多家公司，而子公司的控制权在母公司手中。

20 世纪 80 年代是一个有趣的年代。另一个著名的经典的金融理念——风险报酬率也被推翻了。该理念认为，高收益只能通过承担相应比例的风险才能获得。德雷克塞尔·伯纳姆·兰伯特公司的迈克尔·米尔肯通过研究那些因为有高风险而有高收益的"高收益债券"发现并在实践中证明了这种说法的错误。米尔肯的一系列实践使人们认识到"高收益债券"并不像市场认为的那样是高风险投资。这种杠杆收购的新情况反而带来了并购的新时代。更有针对性的以及更具进取性的资金越来越多地被用于并购交易，尤其是对那些公众持有的公司进行善意或者恶意的管理导向的收购时被用得最多。

高收益债券和杠杆收购的联合开发，开创了一个并购的新纪元。因为这使得用发行长期债券的方法来收回短期债券的行为更加有利，为并购交易特别是对上市公司的管理者引导型杠杆收购、友好或者恶意收购都提供了更宽广的空间，这在本书后面的章节有详述。

在笔者看来，杠杆收购的特征定义并不是指简单地使用大量债务，而是通过债务的运用获得控制权。债务的运用理所当然是"用其他人的钱"（OPM），"其他人"通常是指银行或者其他借款人。然而，债务可以是构筑并购交易的方法，融资也不意味着所有权的终止。同样，目标公司被公众持有和私人收购也不是必需的，尽管在早些时候，这是一种很普遍的做法，并产生了一种把恶意接管作为收购首选方法的受让方——他们被称为"公司袭击者"。

依据学术定义，在旧的杠杆收购管理方式下，原来管理层的参与是非常重要的组成要素，因为被收购公司必须通过杠杆收购所带来的收益清偿债务。所以，在杠杆收购以后，公司必须有突出的运营表现。尽管偿还债务本息的压力增加了，但是通常情况下，公司被收购之后的业绩都会远远优于控制权转移之前。但如果公司的管理层在收购之后与收购之前相比没有变动（或基本没有变动），那么是什么使公司的价值增加得如此之快呢？

原因很简单，并且此原因已经被反复证实，那就是管理层享有公司部分股权。这使得他们和以前只是受雇于公司相比拥有更高的工作积极性。管理层的经济利益与控股股东（杠杆收购的发起者）息息相关。而在杠杆收购前却不是这样，杠杆收购前管理层不能控制公司，也不能从公司成功的发展中获得所有者权益的红利。但是，杠杆收购以后，公司发展得越好，管理层作为公司所有者，就可以获得越多的红利。

分享所有权是杠杆收购可能成功的关键动力，因为只有前任管理层掌握公司的"机构记忆"，了解公司的优势和弱点、债务、机会以及公司的定位，他们最有可能抓住发展机会来增强公司实力、扩大资产。转售资产价值能够得到成倍于现金投资的回报是激励管理层创造非凡价值的催化剂。

一个 100 万美元的权益投资可以在 18 个月内获得其 330 倍的资产，吉布森收购案证明，杠杆收购的确是让人匪夷所思的。理论上，杠杆收购的程式是简单的，但是成功地运用它却是不容易的，这需要一些必备的条件和前提。

首先需要的是，给收购发起人一个良好的借贷环境，以便杠杆收购发起人可以用低成本实现改变目标公司控制权的目的；第二，目标公司有能力承担起迅速增长的债务负担；第三，必须有可以实现多渠道退出的环境，无论是在有价证券市场上公开募股，在公司所在行业部门内进行战略出售，出售给其他杠杆收购者（或者由几个发起人组成的"社团"），还是通过管理层和职工控股以及其他方式退出。因此，一家处于此种情况的公司，业务和财务情况可能不像一家正常运作公司的业务和财务那样稳固。而在可充分预见的前提下，一定会有现金的流动来服务于负债，从而给提供资金的杠杆收购发起人以及贷款的供给者最大程度的安全感。

在 20 世纪 80 年代，每一个人都会有安全感。那些年，由于有很多适合并购的公司、高贷款利率和退出／流动机制，杠杆收购因而兴旺繁荣起来。1980 年仅仅有 4 个杠杆收购交易（共计 17 亿美元），而到 1988 年，已经有 400 多个独立的杠杆收购交易，总价值 1880 亿美元，其中包括高达 250 亿美元、创下最高收购价纪录的雷诺兹－纳贝斯克收购案。

二、杠杆收购衰退与复兴中的个人体验

在接下来的十年中，由太多的资金和太少好的交易所引发的不均衡产生了。1988 年作为富嘉资本（Fulcrum Capital，一家专门从事杠杆收购的公司）的董事长和负责人，笔者主持了收购赫兹

（Hertz）汽车租赁公司的计划。在深入研究之后，我们觉得 10 亿美元是一个可以承受的投资上限，并决定以 10 亿美元作为支点资本。但是，过多的资金都在追逐越来越少的好交易，结果形成了一个"卖方市场"，导致竞价程序的采用，自然也就推动目标公司的收购价格越来越高。这也导致我们以一个很大的差价丢掉了赫兹公司这笔交易，而中标价高达 16 亿美元，超过我们提供标价的 60%！

有趣的是，最近，1988 年从我们手里赢走这笔交易的福特公司，已经把这家汽车租赁公司转让给一个私人财团。这笔交易的估价在 2005 年 12 月底达到 150 亿美元，这是我们在 1988 年计划出价的 15 倍，比率是大约 1/3 的现金、2/3 的债务。这就相当于 1988 年以后的每一年，都增加了一笔相当于当初拟收购赫兹汽车租赁公司所投资的 10 亿美元。20 世纪 80 年代末出现的一些因素，使杠杆收购失去了以前大好的经济环境，从而导致了它的衰退。但时至今日，杠杆收购又有了复苏的迹象，不过如今的杠杆收购与 20 世纪 80 年代风靡一时的杠杆收购大相径庭。主要的不同在于，购买公司经营控制权的资金需求的变化（图 7.1）。当年吉布森并购交易付出现金低于总权益的 2%，同期还有很多交易的成本是总权益的 2%—4%。杠杆收购一次有名的失利是在 1988 年收购联邦百货。当时支付现金仅占权益的 3%，但由于目标公司、收购的时期、收购发起人等特殊原因，加上当时管理层的债务负担等，以往的收购规则就不起作用了。

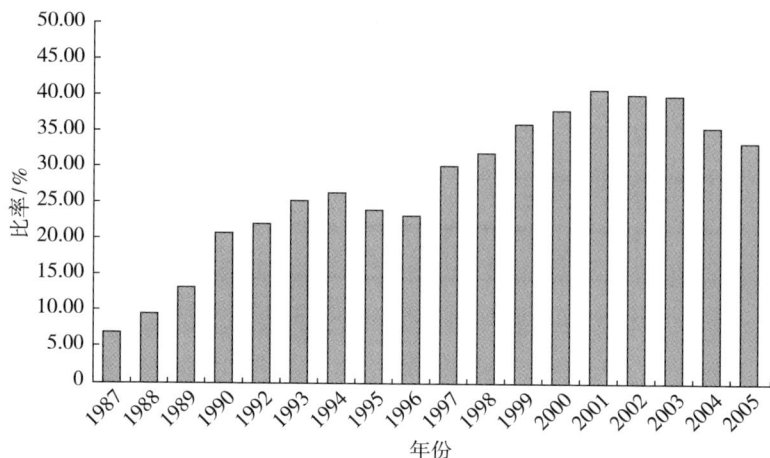

图 7.1　美国 1987—2005 年投入杠杆收购的自有资金比率

注：此图剔除了 1991 年的数据。

资料来源：Mergerstat Review，Author's。

　　另外，我们可以发现，债务融资的实效性与增加购买价格之间有着直接的联系。出售公司的一方认识到，较之用传统方式进行收购或战略方式进行收购，如果买方使用杠杆收购的话，卖方可以获得更高的卖出价格。当把这个诱因加入交易、买方、招标、竞标之间的不平衡当中去的时候，购买价格就会上涨，原有的交易节奏就会改变：如今，贷方愿意提供的平均债务部分，从原来的 98%—99% 变为 60%—70%。发起人投资的用来承担风险的资金增长了30—40 倍，即从 1%—3% 增加到 30%—40%！

　　那些能够带来 330 倍投资回报的案例成为一种奢望，但这并不意味着杠杆收购不再是一种引人注意的收购方式。实际上，杠杆收购的应用比以往更加普遍了。尽管杠杆收购领域发生了不少变化，但自 1980 年起还是大约有 5000 亿美元的投资用来进行杠杆收购。

据不完全统计，在 1985—1989 年就有 4500 笔交易完成。在美国，80％的交易或多或少是在总金额 2.5 亿美元左右完成的。

在美国以外的地区，杠杆收购出现了一个很明显的转变。或许是因为美国市场已经成熟，失去了杠杆收购的有利环境。1980—2002 年，数据表明杠杆收购在美国邻近地区出现了显著的增长。在二十世纪八九十年代和 21 世纪的前几年，这些地区的交易分别占全球杠杆收购交易总量的 10％、50％ 和 67％。这种趋势是很明显的。

2003 年、2004 年和 2005 年是杠杆收购在美国和欧洲屡屡创下最高纪录的时期。在美国，交易总量在这 3 个年份分别达到 890 亿美元、940 亿美元和 1130 亿美元，总量是 2960 亿美元。在欧洲，2005 年 10 笔最大额交易的总量达 470 亿美元，在美国也同样创下了 460 亿美元的好成绩。2005 年度欧洲总交易量达到 1240 亿美元，比美国该年度创下的 1130 亿美元高出不少。实际上，第二笔最大的杠杆收购交易是 TDC 收购丹麦电信，总价值 102 亿欧元（约 160 亿美元）。

不仅并购交易的地点转移了，就连交易的平均规模也改变了很多。在 2005 年，欧洲有 32 笔并购交易，总价值达 10 亿欧元，然而在整个 20 世纪 90 年代，美国只进行了十来笔并购交易，资产贡献不超过 5 亿美元。但是，仅仅在 21 世纪的几年中，已经有至少 40 笔百万美元级的交易了。2004 年，就发生了几个总购买价达 240 亿美元的并购事件，这超过美元杠杆收购总交易额的 50％。此外，超过 7 亿美元购买价的大额交易几乎占了 2/3 还多。从这些统计数字可以得到的信息是，投资者已经回归杠杆收购的黄金时期了，当然这次回归还无法与 20 世纪 80 年代相提并论。投入杠杆收购的平均资本由 20 世纪 80 年代初的 1%—3% 增长到 1988 年的 9.7%。到 2001 年年底，平均数大约是 40%，2005 年大约是 33%。如果拿吉布森公司举例，不用 1.24% 这个自有资金比率，而用 21 世纪初流行的 33% 的自有资本（大约 2700 万美元），其他条件不变的话，一年半之后的市值就是 3.3 亿美元，那么投资收益就是 12 倍而不是 330 倍了！虽然仍是一个可以接受的资本收益率（尤其是考虑到较短的投资期），但是，这个数字只能排到 20 世纪 80 年代原始交易的第七位了。不过，这对于可选择投资倒是一个健康正常的收益。

但是，后来，投资持有期还能如此短暂吗？ 20 世纪 80 年代的并购哲学是购买加分拆，也就是说，先买入目标企业，之后分拆成不同的运营部门，最后作为商品分别出售。但是，市场要求一个较长的持有期，以便实现企业基本价值增长，这是金融炼金术所办不到的。一个重要的例外是卡尔·艾肯（Carl Ichan）企图恶意收购并分拆时代华纳的尝试。不管怎么说，回到过去收购加经营的模式就要求较长的持有期，那么实际的投资回报也会大大减少。在无法做到价值暴涨的情况下，投资人会使用"打包"技术，就是把相同部门或者互补部门的几个不同的业务购买并整合到一起。这样做的想法就是一加一等于五，也就是在"沸腾岁月"的 20 世纪 80 年代被反复提及的协同效应。

与此有关的是，美国从 2000 年开始，卖方和放债人愿意接受的杠杆收购价格乘数一直在增长（图 7.2）。比如，从图 7.3 可以看到 2001—2005 年杠杆收购交易的平均乘数从 3.7 增长到 5.0，增长率超过了 35%。

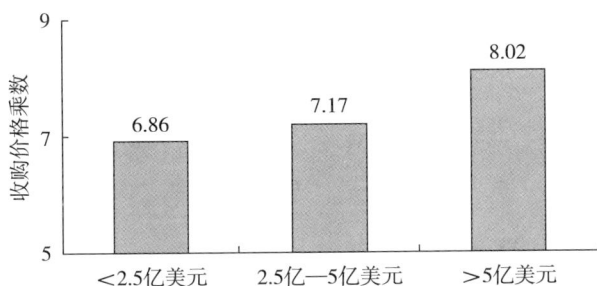

图 7.2 2005 年美国平均杠杆收购价格乘数

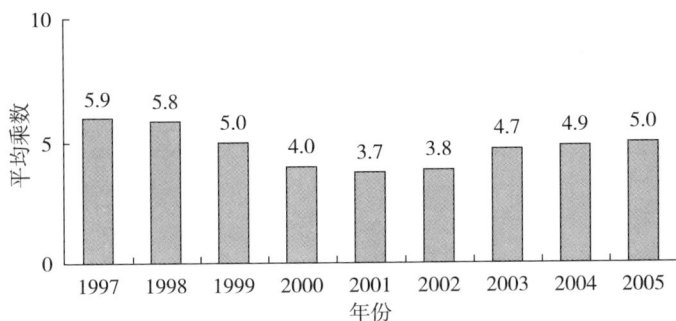

图 7.3 1997—2005 年 5 亿美元以上杠杆收购交易的平均乘数变化

注：2005 年数据不包括媒体、电信、能源和公用设施部门。

资料来源：标准普尔。

关于高度杠杆交易（HLT），所调查的前 20% 交易的平均债务乘数从 2001 年的 4.6 上升到 2004 年的 6.2，增长了 33%。此外，交易的规模决定了不同的乘数，交易大，乘数就大。

2006 年伊始，单在美国就有接近 5000 亿美元的私募资金可供杠杆收购交易使用。一位观察员已经提出了这样的问题：如果按照这个假设的轨道走下去的话，那么亚洲整体特别是中国何时能进入轨道呢？

三、中国杠杆收购正逢其时

（一）中国的现实需求与发展瓶颈

中国对杠杆并购的胃口有多大呢？应该是很乐观的，尤其是考虑到上面提到的从美国到欧洲的世界并购中心的转移。为什么会有这样的结论呢？要知道，杠杆收购要求一个良好的（最好是进取性的）信贷环境、一个吸引人的退出或者变现可能以及管理激励机制。就 20 世纪 80 年代的原始杠杆收购模式而言，这些要求可能使杠杆收购在中国不太可行。中国的信贷环境相对较差，尤其是对投资者和中小企业而言更是这样，这是一个很大的问题，然而，有问题就有机遇。

在中国，有大约 70％ 的资金流向了国有企业。中小企业很难得到它们发展和扩张所需的资金。这就给了国有银行之外的放贷人机会去提供合理的借款途径，资助中国经济中最具活力的部分和正在快速扩张的中小私有企业。同时，2006 年底，中国正式对国外开放银行业，这引起了西方投资者们争相采用更具活力的贷款手段。

考虑一下必要的变现能力或者退出策略的现状，这对于返还原始投资和提供出资人红利是至关重要的。杠杆收购出现早期，最常用的退出策略就是把公司的一部分卖给公众，卖价要比当初的收购价高出一大截。2006 年，中国尚缺少真正的证券市场和兑换体系，这已经成为制约中国杠杆收购的瓶颈。因为发行新股要得到政府的批准，同时过程也不完全遵循市场原则。

不过，上市发行股票也不再是投资人实现他们投资回报的唯一途径。随着杠杆收购模式在西方的逐渐演变，许多投资人已经改变了变现退出的理念。这样一来，不用出售或者处理掉被收购的企业，而是通过发放红利来回报投资人和放贷人。放贷人也加入红利受益者中来，因为贷款的报酬不仅仅是返还本金和利息，还包括通过期权或者担保凭证购买低价股票的权利，经常是借助新债发放红利，也包括返还部分本金。

拿 KKR 集团的一笔交易为例。KKR 集团长期以来对百万级的交易特别感兴趣。2005 年，KKR 集团做了一桩价值 116 亿美元的收购加州数据管理公司 Sun Guard 的大案子。这笔百万级的案子不按常规的发行新股或者出售给其他产业投资者作为退出策略，相反，它采用将一部分公司运营部门卖给私人机构或者类似的公司，以及向出资人发放红利等方式。这在 20 世纪 80 年代可不是常见的现象。以上这些可能的杠杆收购变现方式都适用于中国。

（二）中国的发展趋势和展望

中国企业在管理方面的情况如何呢？2005 年 4 月，中国国务院国有资产监督管理委员会（以下简称国资委）、财政部公布了《企业国有产权向管理层转让暂行规定》，规定大型国有及国有控股企业的国有产权不向管理层转让，大型国有及国有控股企业所属从事该大型企业主营业务的重要全资或控股企业的国有产权也不向管理层转让。在 2003 年之前，国资委也因为同样的原因做过类似的决定。这样做的原因就是企业内部的管理层可能影响国有资产转让的价格，并且通过内部操作利用管理层收购低价获得国有资产，造成国有资产流失。此前发生过国有资产定价比市场价格低估了 75% 的事件。

管理层收购只有在满足了苛刻的前提条件的情况下才可能被通过，这些条件包括管理层必须证明他们有权利参与他们所在公司的所有权分配，而不仅是因上级指派到某一职位的，此外，管理层不能参与出售给他们的资产的定价。其他重要的限制也在起作用，这些条件在一些有限的和得到批准的情况下能够适用，也将会在中国继续适用。时任国资委主任李荣融在 2005 年 4 月国资委和财政部发文暂停大型国企管理层收购时，发表了他的看法：不允许大型国有企业进行管理层收购是因为适宜的条件并不存在。坦白地说，对于任何资产的实际的转移和任何真正透明的交易来说，消除利益冲突的方法都是必要的步骤。如果像国资委这样的政府机构、法律实施者以及参与各方（最好三者都有）不能排除利益冲突，那么不论是杠杆收购、管理层收购，还是其他形式的收购都是不可能成功的。

随着潮水般的资金涌入杠杆收购，中国杠杆收购的未来该何去何从呢？不论什么国家和地区，一些各地都适用的条件必须存在。这些条件是市场和上层监管机构共同决定的。后者所决定的条件就是李荣融所指出的"适宜的条件"。那么，适宜的条件到底指的是什么呢？我个人认为包括两个方面：外部的和隐含的条件。

外部的条件是指，那些不论交易如何都必须具备的适用于杠杆收购的基本条件，包括适宜的借贷环境和金融体系、足够多的目标公司。这些目标公司必须拥有良好的财务指标和可预期的能够返还收购债务的充足现金流，以及充分的退出和变现途径。

隐含的条件包括法律规定的对各方具有约束力的追索权、私有财产权利、公平有效的监管体系、足够的透明度以及由成熟的信贷体系来提供不同的专业融资工具（如高级融资、次级融资、担保和非担保融资、夹层融资、高收益债券等），还包括国资委制定的公平合理的定价机制和各地众多可流动的管理人才。

就并购领域来说，21 世纪初，中国正处于萌芽期，但处在快速发展的阶段。基于西方和中国两地的经验，笔者认为，如果中国非凡的经济增长能够持续下去，那么在可预见的将来，中国并购领域的金融成熟度会大大提高。为了能够从即将到来的并购大发展的机遇中获利，需要私人投资者和机构投资者熟悉所谓的"适宜的条件"，以便能够保证将来在中国市场上占有一席之地。杠杆收购只是一种工具，一个构建成熟和有意义的金融投资市场的有力工具。笔者相信会有更多专业和先进的交易手段在中国得到实践，这些在不久的将来就会看到。希望本章能够帮助中国并购业从业者孕育这种适宜的条件。

巧合的是，就在笔者撰写本章的时候，中国大陆第一笔杠杆收购华丽登场了，从而拉开了中国杠杆收购的序幕。和吉布森收购案一样，2006 年 1 月底发生的好孩子集团（Good Baby Group）收购案也是一个划时代意义的交易。不同于吉布森案的是，债务与购买价格比率反映了所需适宜条件的区别：好孩子集团的收购中现金比例达55%（据媒体报道），而吉布森只有1.24%，2005年平均也才33%。

然而，这笔交易的出现本身就非常重要，而不必在乎其资金结构。在好孩子集团的收购交易中，据报道大约涉及1.225亿美元，其中5500万美元是债务筹资。交易后，管理层保留了33%的股份，收购方在中国香港注册的私人投资财团太盟投资集团（Pacific Alliance Group）拥有67%的股份。变现途径是准备在中国香港上市。

从技术上来说，这笔交易符合我对杠杆收购的定义，因为没有了对收购的控制，大量地使用了OPM。在我看来，好孩子集团是一个全球童车的领导企业，它不仅占中国市场70%的份额，而且它70%的收入都来自海外销售也表明了它的国际性。我们可以做一个生动的比喻，这笔交易把新生的杠杆收购业带进了神州大地。

08 第八章
Chapter 8

杠杆收购的相关法律与监管[①]

① 本章作者为大成律所高级合伙人余承志。余承志，纽约大学博士，主持过多项跨国企业并购重组与投融资项目，荣获《亚洲法律杂志》（ALB）"2019十五佳并购律师"等荣誉。

杠杆收购，是一种资本市场的资金运作和流动过程，实质在于举债收购。一般由收购方以财务利润或获取控制权为目标，以目标企业的资产和信用为抵押获取非自有资金，并将其投入对目标公司的收购过程中，在完成收购后再以目标公司的收益或者出售资产来还本付息，或者在持股达到一定的比例后，利用股东决策权改选管理层以达到控制公司的目的。[①]

在目标公司的选取上，考虑到成本以及最终收益的平衡性，收购方往往选取股价偏低，但具有良好发展潜能或优良资产、技术作为支撑的企业，典型例子就是因资本市场低迷致使实际股价低于期望值的各类上市公司。同时，由于上市公司规模大，收购方须通过杠杆取得的资金数额大，涉及各类中小机构投资者的利益，对资本市场的冲击性更强，因而针对以上市公司为标的的杠杆收购进行的监管，正成为维护资本市场繁荣稳定、减少金融系统性风险目标下

---

① 王健康，秦微.杠杆收购在我国实施的障碍及对策分析［J］.商业经济，2014（5）：71-73.

的重要议题。

一、我国上市公司杠杆收购的监管现状

杠杆收购是一个极度依赖市场环境的资本运作过程。从收购端来看，考虑到上市公司股票规模巨大，市场的细微变化都可能导致收购成本的跌宕，而杠杆收购重要的资金募集过程，则需要资本市场上高流动性融资工具的支持，极度考验资本市场的活力。从运作和出售端来看，投资者对资本市场的信任度和热情度也影响着杠杆收购后将标的公司出售变现，或是从标的公司的长期运营中受益的难易程度。

因此，市场环境的变化牵动着杠杆收购的发展，随之而来的便是我国杠杆收购监管体系的流变。2014 年以前，我国的资本市场建设仍处于探索和发展期，相关监管和规制体系尚不完善，对资本市场有重大冲击的杠杆收购并未被市场和监管机关接受，一系列针对上市公司重组、融资以及借壳上市的法律法规并未为杠杆收购创造良好的环境；2014 年，随着《上市公司重大资产重组管理办法》《上市公司收购管理办法》的修订，以及《关于开展并购重组私募债券业务试点有关事项的通知》的公布，对于上市公司相关交易的监管趋于放松，专供并购重组的私募债券登上舞台，杠杆收购收获了成长的土壤，造就了并购市场的繁荣；然而，2017 年宝能—万科恶意收购事件，以及高溢价重组的泛滥，促使监管机关再次收紧了对上市公司并购的监管模式，包括细化上市公司"控制权变更"

的认定标准、取消借壳上市配套融资、延长新入股东股份锁定期等。①在这样的大背景下，并购交易迅速"退烧"，杠杆收购也难以维持盛况。

现如今，虽然我国的资本市场相比十年前更加成熟，但相应地也有更多的法律法规予以规制，依然保持对杠杆收购从严监管的大趋势。

（一）监管机关

1. 行政机关

一方面，以上市公司为标的的杠杆收购受制于庞大的股份规模和分散化的股权结构，难以仅通过协议收购来达到收购目的，必须通过二级市场来取得部分股权。因此，二级市场的证券交易往往成为上市公司杠杆收购的第一步。此时，中国证监会和各大证券交易所将成为重要的监管机关，监督收购方在收购股权的过程中，是否及时披露收购信息、及时举牌，以及履行锁定期义务。

另一方面，杠杆收购的资金大多来源于收购方以标的公司资产或信用而取得的融资款，这在需要庞大资金支持的上市公司杠杆收购中体现得更为明显，因此收购方往往需要借用多种资本市场金融工具进行融资，常见的包括并购基金、资管计划、证券质押等，其中又可能包含来自保险公司、商业银行等金融机构的资金。考虑到这一融资过程对资本市场可能带来的重大冲击和系统性风险，各大

---

① 叶圣.杠杆收购的法律监管路径研究［D］.上海：华东政法大学，2018.

监管机关也对金融机构参与杠杆收购的行为做出了严格规制：针对资管计划、保险资金和银行资金，主要由国家金融监督管理总局（原银保监会）监管；针对证券质押，主要由证券业协会与证券交易所监管；针对银行资金，主要由中国人民银行监管。

整体来说，由于目前一行一会一局的分业监管模式，以及各行政机关严格的职权分配原则，导致每个行政机关均只能对杠杆收购交易的局部进行监管，需要依靠各个机关之间的合作与协调。但行政机关有权在杠杆交易过程中直接介入，对交易的细节进行审查，并以行政决定的形式予以干预，监管具有很强的主动性和事前性。

2. 司法机关

相比行政机关介入的主动性和事前性，司法机关的监管则是被动的、事后的，往往需要杠杆收购的主体或权益受侵的中小投资者针对收购行为向法院提起民事诉讼，或针对行政机关的决定提起行政诉讼，法院才能介入进行监管。但是相应地，法院的监管可以实现对杠杆收购全过程的监管。通过行政诉讼中对行政决定的审查，法院可以对行政决定涉及的收购主体使用金融工具的行为进行间接考察；而在民事诉讼中，法院更是可以直接审查收购主体在收购过程中的行为是否符合公司法、证券法等民商事法律规定，并及时予以纠正或实现救济。

当然，考虑到违法杠杆收购涉及的主体和利益规模过于庞大，对资本市场的不利影响难以逆转，行政机关的事前主动监管自然成为杠杆收购监管中的主要部分，而司法机关的事后被动监管则作为补充和底线，两者共同构成上市公司杠杆收购的监管体系。

（二）监管体系与细则

杠杆收购主要分为两步：一是举债过程，即通过各类融资手段筹措足以收购目标公司股权的资金的过程；二是收购过程，即运用所筹措的资金，通过协议、二级市场等手段，取得目标公司股权的过程。因此，对杠杆收购的监管体系，也主要分为收购资金监管与收购行为监管两部分。

1. 收购资金监管

资本市场的繁荣稳定是金融业的主要目标之一，而系统性风险则是实现这一目标的最大的"拦路虎"。金融系统的系统性风险主要来源于两个方面：一是在资本市场中对杠杆的过度使用，二是具有大量资金储备的持牌金融机构的盲目下场。因此，虽然杠杆的使用是商业主体的自由，但应当是被限制的自由，而持牌金融机构也应当考虑到其对交易的参与将具有更强的外部性。一行一会一局对收购资金的监管，也围绕金融机构和杠杆两个重点展开。

（1）资管计划

资管计划是上市公司杠杆收购中的最大"宠儿"之一，主要原因在于其能够通过优先层、中间层、劣后层的设计抬高杠杆率，以更少的自有资金获取更多的融资款。同时，资管计划之间的相互嵌套，更是使得资管计划的整体杠杆率加倍。然而，多层嵌套的资管计划不仅不利于标的公司和中小投资者确定最终的实际收购方，更是通过反复加倍的杠杆率给资本市场的稳定性带来巨大的系统性风险。因此，资管计划成为监管机构对上市公司杠杆收购进行规制时的重点，最具代表性的文件便是央行等五部委发布的《关于规范金

融机构资产管理业务的指导意见》（以下简称《资管意见》）

针对单个资管计划的杠杆率，《资管意见》第二十条规定，资产管理产品应当设定负债比例（总资产／净资产）上限，同类产品适用统一的负债比例上限。每只开放式公募产品的总资产不得超过该产品净资产的140%，每只封闭式公募产品、每只私募产品的总资产不得超过该产品净资产的200%；第二十一条规定，公募产品和开放式私募产品不得进行份额分级，固定收益类产品的分级比例不得超过3∶1，权益类产品的分级比例不得超过1∶1，商品及金融衍生品类产品、混合类产品的分级比例不得超过2∶1。通过限制可分级产品的种类、分级比例和负债比例的上限，资管产品抬高杠杆的能力被大大削弱。

针对杠杆率的加倍，《资管意见》第二十二条规定，资产管理产品可以再投资一层资产管理产品，但所投资的资产管理产品不得再投资公募证券投资基金以外的资产管理产品。这代表资管产品仅能进行一层嵌套，不得在此基础上再行嵌套以推高杠杆率。

此外，《资管意见》第二十二条还规定，金融机构不得为其他金融机构的资产管理产品提供规避投资范围、杠杆约束等监管要求的通道服务，保证了资管计划监管的可落实性；第二十一条规定，分级资产管理产品不得直接或者间接对优先级份额认购者提供保本保收益安排，进一步增加了杠杆收购主体通过资管计划吸引资金的难度。

（2）质押融资

上市公司股权价值高、规模大，对杠杆收购主体方也是理想的资金来源。因此，对上市公司股票进行质押以获取融资款也成了杠杆收购的常见途径。然而，杠杆收购具有很高的风险性，市场和监管环境的变化将导致收购成功率的波动，即使收购成功也存在是否能够变现或取得足够收益赎回股票的风险。而前述事件的发生，本身也会影响作为抵押标的的上市公司的价值，引发进一步的风险。

此外，部分规模较大、形成企业集团的杠杆收购主体，内部可能有2家以上的上市公司。此时，收购方更是可以通过上市公司之间相互质押股票，形成连环质押，进一步扩大资金的来源。然而，这种融资行为使得多家上市公司之间的价值相互影响，并作为整体受到收购行为结果的制约，扩大了引起系统性风险的可能性，对资本市场的繁荣稳定形成了较大的威胁。

因此，为了限制上市公司股票的质押融资，上海、深圳两大证券交易所，联合中国证券登记结算有限责任公司，分别发布了《股票质押式回购交易及登记结算业务办法（2018年修订）》，其中第十六条规定，融入方不得为金融机构或者从事贷款、私募证券投资或私募股权投资、个人借贷等业务的其他机构，或者前述机构发行的产品；第二十二条规定，融入资金不得直接或者间接用于投资被列入国家相关部委发布的淘汰类产业目录或者违反国家宏观调控政策、环境保护政策的项目，进行新股申购，以及通过竞价交易或者大宗交易方式买入上市交易的股票。通过对资金融入方的资格施加门槛，并限制资金融入后的用途和流向，在一定程度上对连环质押和质押滥用现象的出现予以控制。

（3）银行资金与保险资金

商业银行和保险公司都是典型的持牌金融机构，其作为有权吸纳公众资金和提供金融贷款的主体，本身就具有稳定资本市场和金融环境的责任和职能。相应地，商业银行和保险公司对资金的利用行为，具有相当的外部性，足以将单笔交易的内部影响扩散至与其有交易关系的其他市场主体。而考虑到上市公司杠杆收购的风险性和市场依赖性，两机构对收购融资过程的参与自然应当受到严格的限制乃至禁止。

针对银行资金，2018 年银保监会出台了《商业银行理财业务监督管理办法》（以下简称《监督管理办法》），其第八条明确规定，仅有银行理财资金中用于向合格投资者发行的私募理财产品，才可以用于投资上市公司股票和非上市公司股权，大大限制了银行将资金用于上市公司收购的途径。同时，为了防止银行资金通过层层嵌套投向上市公司，《监督管理办法》第七条还规定，银行业监督管理机构应当对理财业务实行穿透式监管，向上识别理财产品的最终投资者，向下识别理财产品的底层资产，并对理财产品运作管理实行全面动态监管，通过系统的信息披露和穿透检查制度防止了对上述规制路径的规避。同样，与资管计划类似，《监督管理办法》第四十二条规定，商业银行不得发行分级理财产品，每只开放式公募理财产品的杠杆水平不得超过 140%，每只封闭式公募理财产品、每只私募理财产品的杠杆水平不得超过 200%，限制了银行对杠杆行为的参与。

而针对保险资金，2017 年保监会出台了《中国保监会关于进

一步加强保险资金股票投资监管的有关事项的通知》，主要通过将
保监会的股票投资行为进行分级，按照风险进行不同程度的监管。
其中，第三条明确规定，保险机构收购上市公司，应当使用自有资
金。保险机构不得与非保险一致行动人共同收购上市公司，不得以
投资的股票资产抵押融资用于上市公司股票投资。对于违反上述原
则的行为，保监会（现金监局）有权介入并做出行政处罚。即使不
参与收购，保险资金也被严格限制大规模投入上市公司股票。相
反，保监会鼓励保险公司以财务投资而非取得控制权为目的投资上
市公司，对保险资金做合理的投资安排。

2. 收购行为监管

杠杆收购最终的目的在于获取上市公司的控制权或通过打包出
售进行财务投资，本质仍是收购。因此，其势必受到证监会对上市
公司收购行为的监管，以及公司法对股权 / 股票转让的制约，包括
转让方和受让方达成交易时的平等性、主体资格、权益披露情况以
及与中介机构的利益冲突等。具体到上市公司收购需要格外注意
的，就是针对中小投资者和被收购方的交易保护措施，其中最具代
表性的就是信息披露机制。

在上市公司收购过程中，我国对信息披露做出了规定，以对上
市公司股权乃至控制权转移的风险予以充分提示和披露，保证中小
投资者和收购方有充足应对的空间。我国《上市公司收购管理办
法》第十三条中规定，投资人及其一致行动人持有 5% 股份时，要
编制权益变动报告书，提交书面报告并公告。继续增持股份时，每
增加 5% 就要及时报告和公告；第十六条规定，投资者及其一致行

动人不是上市公司的第一大股东或者实际控制人，其拥有权益的股份达到或者超过该公司已发行股份的5%，但未达到20%的，应当编制简式权益变动报告书；第十七条规定，投资者及其一致行动人拥有权益的股份达到或者超过一个上市公司已发行股份的20%但未超过30%的，应当编制详式权益变动报告书；第二十四条规定，通过证券交易所的证券交易，收购人持有一个上市公司的股份达到该公司已发行股份的30%时，继续增持股份的，应当采取要约方式进行，发出全面要约或者部分要约。

为了防止收购方以协议等方式安排其他主体与己方共同投资上市公司取得股权，或者通过获取非证券的其他权益，以规避信息披露的要求，我国在《中华人民共和国证券法》《上市公司收购管理办法》以及证监会发布的《监管规则适用指引——上市类第1号》等文件中，分别从主体和权益计算的角度做出了规定。

针对披露主体，文件规定：投资者在一个上市公司中拥有的权益，包括登记在其名下的股份和虽未登记在其名下但该投资者可以实际支配表决权的股份。并且，投资者及其一致行动人在一个上市公司中拥有的权益应当合并计算。

针对权益计算，文件规定：投资者在一个上市公司中拥有权益的比例，为投资者持有的股份数量占上市公司已发行股份总数的百分比，包括投资者拥有的普通股数量和优先股恢复的表决权数量。但是，如果投资者同时持有上市公司已发行的可转换为公司股票的证券，则在计算其拥有权益的比例时，还需要将其持有的可转换为公司股票的证券中有权转换部分（不包括行权期限届满未行权的，或者行权条件不再具备的部分）与其持有的同一上市公司的股份合并计算，并与合并计算前的权益比例相比，以二者中的较高者作为最终的判断依据。

此外，虽然以更换管理层并持续经营获取收益为目的的上市公司收购并不少见，但在收购一定股权后将资产打包抛售以获取一次性收益的方式，获取利润更快，也节省了更换管理层和运营公司的成本。于是，及时而有效的退出机制，也是上市公司杠杆收购必须考虑的因素之一。但是，过早、过急退出，作为短线交易，极易为中小投资者释放错误的信息，致使市场价格混乱，广大投资者的利益将受到侵害，更有操纵市场的嫌疑。因此，证监会对获取上市公司股权后的退出机制进行了监管。如《上市公司收购管理办法》第七十四条规定："在上市公司收购中，收购人持有的被收购公司的股份，在收购完成后 12 个月内不得转让。"限制了杠杆收购方抛售股权资产的速度，保证了收购事件发生后市场能够有足够时间反应和趋于稳定。

二、我国上市公司杠杆收购监管体系的缺陷

虽然经过多年的发展，我国针对上市公司杠杆收购已经有了一定的监管和应对之策，但在面对实际发生的收购案件时，似乎还无法完全应对可能发生的全部风险，存在一定的缺陷和空白。

近年来最具代表性的上市公司杠杆收购事件便是宝能—万科恶意收购案。2015 年 7 月 10 日开始的短短一个月内，宝能旗下的前

海人寿及其一致行动人钜盛华两度对万科举牌，并于 8 月 26 日成为第一大股东。后来万科管理层选择与深圳地铁合作发行股份并稀释宝能系股份。直至 2017 年 6 月 9 日，中国恒大公司出清万科全部股份给深圳地铁，终破万科股权之争的僵局，深圳地铁成为万科第一大股东，万科股权之争落下帷幕。[①] 其间，宝能系公司采用了多种融资模式，包括资管计划，连环质押，银行、保险资金嵌套投资等。单个产品的高杠杆率和嵌套带来的杠杆率加倍，使得宝能以相对较低的资金推动着收购进程，但同时也招致了巨大的金融风险，是资本市场所不能允许的收购行为。

在这场收购战中，共有保监会、深圳证券交易所和中国证券监督管理委员会深圳监管局三个机构，做出了包含问询函、停业、关注函等行政介入措施，但均没有起到有效制止收购发展的效果，最终仍是深圳地铁这一具有国资背景的企业下场才平息混乱的事态。这正说明了当时已有的上市公司杠杆收购监管体系存在较大的漏洞，导致万科案的收购过程超出了监管机关的控制。

以下将结合万科案对暴露出的监管体系的缺陷进行分析。

（一）融资工具分业监管

中国现有金融监管体系中，各监管机构受政府垂直领导，分业监管。即银监会（现金监局）、证监会、保监会（现金监局）分别监管银行业单位、证券业单位和保险公司。这种分业监管的模式是

---

① 张景赛.论我国杠杆收购的法律规制［D］.济南：山东财经大学，2018.

我国金融资本市场发展过程中一步步形成的，优势在于培养各行业监管从业人员和投资人员的专业性，并隔绝各自行业领域内的风险，减少系统性风险发生的可能性。

但是，在资本市场蓬勃快速发展、金融产品多样化、收购方式复杂化的今天，分业监管开始显现出弊端，尤其对于上市公司杠杆收购这一有大量金融产品介入的交易过程。以万科案为例，前海人寿作为保险公司，由保监会监管；资管计划由银监会和证监会同时监管；收购过程和证券质押由证监会监管。然而，这些监管机关之间却缺乏沟通协调机制，导致对风险传递路径，尤其是杠杆率缺少整体的把握和控制，监管机关对资金真实投向、实际控制人和杠杆率一无所知，最终由于证监会管辖的上市收购信息披露行为本身没有违规，致使监管机关整体停摆，无法应对复杂的收购过程。

问题的本质在于针对上市公司杠杆收购这一极具风险的交易行为，缺乏统一的上位法予以规制。每个监管机关在无法沟通协调的前提下，依然只能观察和监管到交易的局部，无法从交易的整体对杠杆率和实控人这些可能的风险因素予以把握，即使通过立法限制了现有的融资途径，也跟不上资本市场上产品多样化的速度。

此外，分业监管使得杠杆收购缺乏统一的惩罚机制，收购主体扰乱市场的违法成本极低，监管体系本身不再具有威慑力，也是监管体系的一大漏洞。

（二）低效的信息披露机制

根据《中华人民共和国证券法》《上市公司收购管理办法》等

的规定，我国采取以股权比例为基础的信息披露分级机制，在持股比例达到5%—20%时需要制作简式权益报告书，20%以上时制作详式权益报告书。这种分级方式看似考虑到了收购方的收购行为对上市公司经营的控制程度和对市场环境的影响情况，但在上市公司杠杆收购中，将会失去效果。

一方面，对于很多股权较为分散的上市公司来说，第一大股东的持股比例也并不超过20%。这意味着，收购方在对此类上市公司进行收购的过程中，全程无须制作含有融资来源和投资目的的详式权益报告书。而在上市公司杠杆收购过程中，最大的风险就在于收购方的融资来源以及整体杠杆。目前的信息披露模式忽视了上市公司杠杆收购的特殊性，致使收购方的收购资金信息极容易隐于无形。即使收购方需要获取超过20%的股权，在上市公司收购持股比例不足20%的初步收购阶段，监管部门和证券投资者也无从知晓收购方的融资细节，而这恰恰是影响收购风险控制、目标公司治理及投资者利益的重要环节。[①] 等到收购方持股超过20%，制作详式权益报告书披露杠杆之时，金融市场和投资者早已承担了难以接受的系统性风险，缺乏应对的手段和准备。

另一方面，在错综复杂、多重金融工具嵌套加入的杠杆收购过程中，无论是对投资者还是监管机关，最重要的信息莫过于实际控制人和一致行动人的身份，用于判断收购方的收购安排以及对上市公司的实际控制程度。然而，现行的证券法体系未针对杠杆收购做

---

① 杜佳佳.上市公司杠杆收购法律规制困境及出路［J］.南方金融，2019（12）：92-100.

出特殊规定，仅要求上市公司收购方对一致行动人做合规性的基础
披露，而实际的最终控制人则被层层嵌套的产品和工具掩藏在幕
后，不利于投资者对公司实际情况的判断。在万科案中，深圳证券
交易所试图通过问询函的方式要求宝能系和华润系自查是否存在一
致行动人关系，但被两公司简单复函否认后便没有了下文。交易所
作为自律管理机关无权直接进行调查，证监会没有法律依据予以直
接介入，收购方也利用模糊的回函拒绝给予市场和监管者足够的信
息披露反馈，在目前的监管体系下，实控人和一致行动人的问题始
终难以得到解决。

（三）中小投资者权益保护不足

在上市公司杠杆收购的风暴中，最容易利益受损的主体是广大
中小投资者。无论是收购方大量举债注资投入标的公司的过程，还
是收购方为实现财务投资的目的，将股票整体出售获益的过程，都
会带来巨大的股票价格波动。同时，中小投资者在信息获取和投资
经验方面本就居于弱势地位，应对风险的能力较差，只能通过市场
价格变化做出决策。上市公司杠杆收购的过程将会为投资者带来错
误的市场信号，导致其做出错误判断，损害他们的合法权益。

此外，贫乏的反收购机制也加剧了对中小投资者权益的侵害。
在万科案中，为了稀释股权，万科集团引入了深圳地铁作为战略投
资者，通过利用土地资产注资，增加了股本总数，降低了宝能的持
股比例，并最终使得深圳地铁成为第一大股东。虽然属于经典的反
收购策略，但是在深圳地铁注资的过程中，不仅是宝能，其他中小

投资者的持股比例也相应下降，并同时影响了股价，严重影响了他们的合法利益。然而，在整个杠杆收购过程中，作为监管机构的证监会，却从未以中小投资者权益受损为由介入交易。

三、我国上市公司杠杆收购监管的优化

杠杆收购发源于美国。通过长年的探索和实践，以及优良金融发展环境的支撑，美国的上市公司杠杆收购机制已经相当成熟，具有完善的法律规制和监管体系。学习美国的监管机制，并基于中国资本市场环境优化吸收，让其具有中国特色，是改善我国目前杠杆收购监管体制的一种合理选择。

（一）有区分性的信息披露制度

美国的信息披露制度最早出自《1934 年证券交易法》的第 13 条，但并未规定在公开市场收购上市公司股权的相关信息披露义务。直到 1968 年的《威廉姆斯法》，作为证券交易法的修正案，在原有第 13 条的基础上增加了 13（d），规定了上市公司收购过程中的信息披露义务。

与中国相同，美国也将信息披露义务的起始点定在了 5%，规定任何人士或团队在直接或间接获得上市公司超过 5% 的具有投票权的经注册的权益类证券的实益所有权后的 10 日内，均需要向美国证监会（SEC）提交报告。

然而，与中国不同的是，美国的信息披露义务根据收购主体和

收购目的的不同有区分。在《威廉姆斯法》对证券交易法进行修正后，证券交易法对上市公司收购信息披露义务的规定主要为 13（d）和 13（g）。13（d）与 13（g）是互相独立的信息披露制度，虽然存在报告人的姓名、地址、公民身份或国籍、证券类别、报告人实际享有的证券利益数量、共同申报人的利益分配模式等共性的披露信息，但总体上 13（d）的信息披露更加复杂，要求披露的信息内容更多，包括报告人的刑事犯罪或者某些民事诉讼或行政处罚信息、任何改变或影响公司控制权的计划及过去 60 天内涉及公司证券的所有交易，以及针对杠杆收购最重要的资金来源和收购目的。

　　13（d）和 13（g）适用的最大区别在于收购主体的收购目的。根据 13（g）的规定，其适用于如下三类申报人：豁免投资人，指上市前即持股的上市公司股东，且在 12 个月内没有增持超过 2%；合格机构投资人，指在日常经营中获得证券且无意影响上市公司控制权的经注册的投资顾问、银行、证券公司、保险公司等；被动投资人，指持股超过 5% 但不超过 20% 的投资人，而且该投资人无意影响上市公司控制权，该等股份的取得也与影响公司控制权的交易无关。总结来看，三类投资者都不具有取得上市公司控制权的目的，他们的收购对市场和标的公司的影响有限，风险性不高。而针对除此之外的其他一般收购人，包括杠杆收购人，则需要依据 13（d）的要求披露自己的资金来源和收购计划。将上市公司杠杆收购可能带来风险的因素完全公开披露，大大降低了因交易行为不透明对市场带来的冲击。

　　因此，针对上述经验我国应当考虑效仿，建立针对杠杆收购的特殊信息披露体系：针对未取得上市公司控制权或者没有取得上市公司控制权目的的投资者，可以依旧沿用我国目前现有的 5%、20% 和 30% 的分级披露体系；但针对有取得上市公司控制权目的，或融资比例达到一定标准，可能构成杠杆收购的收购股权行为，应当在收购比例达到 5%，或者成为上市公司最大股东（适用于上市公司股权分散、最大股东持股比例小于 5% 的情况）时，就应详细披露自己的收购目的、资金来源等重要信息，使投资者、标的公司和市场都有足够的时间予以应对。

（二）健全的中小投资者保护机制

中小投资者权益的保护主要分为两个部分：一是保障中小投资者对上市公司相关信息的知情权，帮助其补正在信息获取途径上的弱势地位，引导其做出合理而有依据的投资决定；二是在中小投资者权益确因不当的交易行为受到侵害时，存在完善的诉讼系统供其维护自己的合法权利。

在美国，从保障知情权的角度来看，《威廉姆斯法》的颁布已经很大程度上改善了中小投资者在大型并购交易中对交易细节和风险因素一无所知的状况。而 2002 年美国的《萨班斯－奥克斯利法案》，即《2002 年上市公司会计改革和投资者保护法案》，则从财务信息披露的角度使得投资者权益保护达到了新的高度。这一法案规定，上市公司应当建立一个独立机构来监管上市公司的审计，其中审计师应定期轮换；应当全面修订会计准则，并制定关于审计委员会成员构成的标准；管理层就财务报告内部控制构造及程序有效性不做出认定声明，并提交内部控制报告；对审计师审计时提供咨询服务进行限制；季度财务报告中必须详细记载资金使用情况等，力求上市公司信息披露的完整性和准确性，保障中小投资者的知情权。

从诉讼系统来看，证券法中最经典的保护中小投资者的制度就是股东代表权诉讼制度。根据我国的法律规定，有资格提起股东代表诉讼的股东应连续 180 日以上单独或者合计持有公司 1% 以上股份，对股东的持股比例有所限制。而美国证券法摈弃了以股权比例为判断标准的制度，仅以股东用尽公司内救济为行权要件，使得全体中小股东都有权利参与公司运营和监督，包括针对收购方的上市公司杠杆收购行为，股东们也可以对其中的违规或侵犯投资者权益之处提起代表诉讼。

此外，美国证券法确定了股权双重结构，也称为 AB 股结构，即为公司的实际控制者和运营人提供分红比例低但事务决定权比例高的 A 股，为市场财务投资者提供分红决定权比例低的 B 股，进一步完善公司所有权和经营权的分离制度。虽然这一制度的初衷在于通过公开发行 B 股，限制公开市场恶意收购股权以夺取控制权的行为，但这一反恶意收购的制度使得上市公司无须通过大量增发证券稀释股权应对恶意收购人，防止中小投资者的权益因股权稀释而被摊薄，或因股价剧烈波动而受损，间接地保护了中小投资者的权益。

因此，我国应完善中小投资者知情权保障制度，以上位法立法、司法解释或指导案例等形式，确立上市公司信息披露的准确性、完备性标准，使得投资者得以根据市场信息做出有效的投资决策；同时，应当适当改变股东代表诉讼的门槛标准，并将之与集团诉讼结合，为投资者提供便捷可行的维权通道；最后还应确立 AB 股制度，丰富上市公司反收购的手段，防止反收购策略侵害投资者合法利益。

在学习吸收上述制度的基础上，我国应当出台针对上市公司杠杆收购的统一上位法，规定上市公司杠杆收购的整体杠杆率、特殊信息披露制度，以及独立的监管惩罚模式。通过对过去碎片化的监管模式进行整合，形成统一的监管体系，并抬高收购方违法杠杆收购的成本，我国才能在维护资本市场和金融环境繁荣稳定的基础上，拥抱上市公司杠杆收购这一有风险但为时代所需的新事物。

四、总结

上市公司杠杆收购对中国这一尚属年轻的资本市场来说，仍是新鲜但充满风险的产品：从"门口的陌生人"，到"门口的野蛮人"，再到最后的"行业内的强盗"，一方面上市公司杠杆收购为社会金融资源的整合提供了良好途径，有助于助推经济的发展；但另一方面缺乏系统完善监管的杠杆收购，又会在"野蛮生长"的过程中为金融环境带来难以预知的系统性风险，侵害中小投资者的合法利益。因此，完善我国目前的上市公司杠杆收购监管机制，使杠杆收购成为真正连接实体经济与金融的桥梁，将有助于实体经济的复苏和进一步发展，维护金融环境的繁荣稳定。

并购融资与法律环境①

---

① 本章作者为中银律所总所高级合伙人闫鹏和。闫鹏和，北京大学法学硕士，在境内外企业兼并收购、结构化融资、境内外 IPO 上市等领域具有丰富实战经验。

在当前全球经济一体化的大背景下，企业并购活动已成为公司战略规划中不可或缺的一部分。并购不仅可以帮助企业快速进入新市场，扩大现有业务规模，还能通过资源整合提升整体竞争力，但同时也可能带来文化冲突、管理困难、过度负债等风险。并购活动的成功与否不仅取决于商业决策的准确性，更受到融资安排的影响以及所处法律环境的制约。本章旨在探讨并购融资的基础理论、实践操作以及在不同法律环境下的应用与挑战，为企业提供一个全面的分析框架。

一、并购融资概述

并购融资作为企业并购活动中的关键环节，不仅关系到并购项目能否顺利进行，而且直接影响并购后的整合效率和最终价值实现。理解并购融资的基本概念、类型以及操作细节，对于确保并购活动的成功至关重要。

（一）并购融资的定义和重要性

并购融资指的是为完成企业间的并购交易而进行的融资活动。这包括但不限于通过银行贷款、发行债券、股权融资等多种方式筹集资金。在许多情况下，并购融资的策略和结构将直接影响并购交易的成本、效率和最终成败。例如，一项高效的融资安排可以降低并购成本、加快交易进程，从而增强并购带来的战略价值。

（二）并购融资的类型和方法

并购融资是指并购方为获取被并购方的控制权而开展的资金融通和筹集活动。并购融资的类型主要有以下几种（表9.1）。

股权融资：并购方通过发行新股或出售现有股份来募集资金。股权融资具有成本较低、融资额度较大的优点，但会稀释并购方股东的权益。

债务融资：并购方通过向银行贷款、发行债券等方式来募集资金。债务融资具有不稀释股权的优点，但会增加并购方的财务杠杆。

混合融资：并购方同时采用股权融资和债务融资的方式来募集资金。混合融资可以兼顾股权融资和债务融资的优势，但融资成本和复杂程度也更高。

表 9.1 并购融资各类型比较

类型	定义	优点	缺点
股权融资	发行新股或出售现有股份募集资金	成本较低、融资额度较大	稀释股东权益
债务融资	银行贷款、发行债券募集资金	不稀释股权	增加财务杠杆
混合融资	股权融资和债务融资并用	兼顾两种融资优势	成本和复杂度更高

并购融资的方法主要有以下几种（表9.2）。

银行贷款：银行贷款是并购融资中最常见的一种方式。银行贷款具有手续简便、利率相对较低的优点，但需要并购方提供足够的抵押或担保。

发行债券：发行债券是并购融资中较为常见的一种方式。发行债券可以募集到大量资金，但需要并购方支付利息费用。

私募股权融资：私募股权融资是指并购方从私募股权基金等机构募集资金。私募股权融资具有融资速度快、条件相对灵活的优点，但需要并购方向投资机构支付较高的费用。

资产证券化：资产证券化是指并购方将并购标的资产打包成证券，然后出售给投资者。资产证券化可以将并购标的资产的风险分散给投资者，但需要并购方支付一定的费用。

表9.2 并购融资各方法比较

方法	优点	缺点
银行贷款	手续简便、利率较低	需提供抵押担保
发行债券	可募集大量资金	需支付利息费用
私募股权融资	速度快、条件灵活	需支付较高费用
资产证券化	风险分散给投资者	需支付一定费用

（三）并购融资的挑战和策略

在并购融资的过程中，企业可能会遇到多种挑战，包括融资成本的控制、资金筹集的速度和效率，以及后续的财务风险管理等。为了克服这些挑战，企业需要采取一系列策略。

综合评估融资成本：对比不同融资方式的成本和风险，选择最合适的融资结构。

优化资本结构：平衡自有资金和外部融资的比例，保持健康的财务杠杆率，以减少财务风险。

灵活运用多种融资工具：结合使用银行贷款、债券发行、股权融资等多种工具，提高融资的灵活性和效率。

加强与金融机构的合作：建立和维护与银行及其他金融机构的良好关系，以便在需要时快速获取融资支持。

二、并购融资的法律环境

（一）法律环境对并购活动的影响

法律环境是影响并购融资和交易成功的关键外部因素。并购交易的成功与否在很大程度上取决于相关国家和地区的法律环境。法律环境涵盖诸多方面，包括但不限于反洗钱法规、外汇管控措施、反垄断法律以及国家安全审查等。这些法律法规不仅因国家而异，而且还会随时间推移而调整变化，给并购活动增添了额外的不确定性和复杂性。因此，对涉及国家和目标国家／地区的相关法律法规有深入的理解并严格遵守，对确保并购活动顺利进行至关重要。

举例来说，如果一起并购融资案例未能妥善处理反洗钱审查，可能会导致整个交易延迟甚至失败。同样，忽视外汇管制政策可能会阻碍资金及时跨境转移，影响相关支付安排。此外，若未能充分评估反垄断和国家安全审查的潜在风险，企业可能会面临重大的法律后果和经济损失。

（二）影响并购的主要法律框架和规则

在并购融资过程中，企业必须遵循一系列法律法规，并面对多个法律领域的挑战。特别是在涉及跨境交易、上市公司，以及有国有资产参与的交易时，法律环境的复杂性显著增加。以下是并购融资过程中涉及的主要法律领域和重要立法，以及它们对于并购活动的影响。

合同法与公司法：并购交易中的合同安排和公司治理结构调整需要遵循合同法和公司法的相关规定。这包括交易结构的设计、股东权益的保护以及公司治理的适当安排。

证券法：对于上市公司的并购，证券法规定了严格的信息披露和公平交易要求。并购双方需要遵守相关的披露义务，确保所有利益相关者，尤其是股东，对交易的条件和影响有充分的了解。

反垄断法：并购交易尤其是大规模的交易，可能会引起监管机构的关注，特别是当它们可能对市场竞争产生显著影响时。反垄断审查通常会评估并购是否会导致市场集中度过高，是否会损害消费者利益。

外国投资法：跨境并购往往需要遵守目标国家关于外国直接投资的法律。这些法律可能包括外国投资审查制度，出于维护国家安全、经济稳定或公共秩序等考虑，审查并可能限制外国投资。

外汇管理规定：跨国并购常涉及资金的跨境流动，需遵守各国关于外汇的管理规定，确保资金合法合规流动。

税法：并购活动涉及的税务问题复杂多样，包括但不限于交易税、资本利得税、避税等问题。

劳动法：并购可能会对员工的权益产生重大影响。劳动法规定了在并购过程中必须遵守的员工通知、咨询和保护程序，确保员工权益在并购过程中得到尊重和保护。

（三）一些重要的法律概念和策略

在并购融资中，一系列特定的法律概念和策略被设计出来，旨在应对各种竞争和恶意收购的情形。这些概念不仅体现了并购战略的复杂性，也展现了企业为保护自身利益和增强谈判地位所采取的法律手段。以下是几个并购融资中重要的法律概念及其应用实例。

1. 恶意收购（Hostile Takeover）

定义：恶意收购是指收购方在未获得目标公司管理层同意的情况下，通过公开市场购买目标公司股票或发起要约收购的方式进行的收购行为。恶意收购通常以低于目标公司市场价值的价格进行。

假设案例：在这个假设案例中，我们可以构想出一个全球知名的饮料生产公司，我们称之为"Beverage World"，它在全球多个国家和地区拥有强大的市场份额和品牌影响力。尽管 Beverage World 在饮料行业长期保持领先地位，但近年来因市场变化和一些不利的财务报告，其股价经历了一定程度的下滑。

此时，一个名为"Aggro Corp"的多元化投资集团看到了一个机会。Aggro Corp 通过其广泛的投资组合在多个行业内拥有强大的资本和影响力，但它尚未进入饮料市场。Aggro Corp 的领导层认为，通过收购 Beverage World，不仅可以立即进入饮料市场，还可以利用 Beverage World 的品牌和分销网络扩展其业务。

Aggro Corp 首先尝试与 Beverage World 的管理层进行接触，提出了一项初步的收购提议。然而，Beverage World 的管理层和董事会坚决反对这一提议，认为 Aggro Corp 的收购将不利于 Beverage World 的长期发展和品牌价值。Beverage World 的领导层认为 Aggro Corp 缺乏饮料行业的经验，其管理方式可能会破坏 Beverage World 精心培育的公司文化和品牌形象。

面对 Beverage World 管理层的拒绝，Aggro Corp 决定采取更为直接的行动，发起了一场针对 Beverage World 的恶意收购。Aggro Corp 首先在公开市场上秘密购买了大量 Beverage World 的股票，通过这种方式逐渐增加了其在 Beverage World 的持股比例。随后，Aggro Corp 发起了一个公开的要约收购，向 Beverage World 的股东提出以高于当前市场价的价格购买他们手中的股份，这一价格足以吸引大量股东出售他们的股票。

由于 Aggro Corp 提出的价格对许多股东来说具有很大的吸引力，加之 Beverage World 近期的财务不稳定，很多股东开始考虑出售他们的股份。最终，Aggro Corp 成功获得了足够的股份，实现了对 Beverage World 的控制。

这个恶意收购的案例展示了一家公司如何在未得到目标公司管理层同意的情况下，通过策略性地购买股票和发起要约收购来获得对目标公司的控制权。尽管 Aggro Corp 最终成功收购了 Beverage World，但这种收购方式引发了广泛的争议，包括对公司文化、员工士气和品牌形象的长期影响。

2. 白衣骑士（White Knight）

定义：在面对恶意收购威胁时，目标公司寻找一个友好的第三方（即"白衣骑士"），以通过被这个第三方收购来避免恶意收购者的控制。这种策略旨在找到一个更加理想的合作伙伴，确保公司的长期利益和战略目标得以实现。

假设案例：假设一家知名科技公司面临另一家竞争对手的恶意收购。为了避免被竞争对手收购，该公司可能会寻找一个业务互补且文化相符的白衣骑士，如一家大型私募股权公司，来进行友好收购，从而保护自己的利益和独立性。

3. 毒丸计划（Poison Pill）

定义：毒丸计划是一种反恶意收购的策略，允许现有股东（除了恶意收购者之外）以折扣价购买更多股份，从而稀释恶意收购者的持股比例，使收购变得更加困难和昂贵。

运作案例：一家上市公司发现自己成为恶意收购的目标后，其董事会可能会启动毒丸计划，如发行新的股份或债券，这些股份或债券可以在收购企图发生时转换或购买，从而保护公司不被恶意收购。

4. 齿轮计划（Gears Plan）：

定义：齿轮计划指目标公司为抵御恶意收购而采取的一种防御措施。齿轮计划通常会赋予目标公司董事会权力，在特定情况下可以采取一些措施，例如发行新股票或出售公司资产，以阻止恶意收购。

运作案例：目标公司董事会成员分为不同的任期，通常是三类，每类任期三年。每年，只有一类董事会成员进行改选。这意味着，即使收购方获得目标公司足够多的股份，也无法在短期内获得对董事会的控制权。

5. 金色降落伞（Golden Parachute）

定义：金色降落伞是指在并购交易中，为公司高层管理人员设计的丰厚离职补偿计划。这种补偿通常在管理层因并购而被替换时触发，旨在保护管理层的利益，同时也可能作为防御恶意收购的一种手段。

运作案例：如果一家公司面临并购，其 CEO 和其他高级管理人员可能会有金色降落伞条款，确保他们在并购后被解职时能获得大笔的离职补偿，如几年的薪水、股票期权和其他福利。

6. 裙带防御（Pac-Man Defense）

定义：裙带防御是一种独特的反恶意收购策略，其中目标公司反过来尝试收购其原始的收购者。这种策略的命名来源于经典的电子游戏《吃豆人》，游戏中的角色通过吃掉追逐它的幽灵来保护自己。

运作案例：面对一个较大企业的恶意收购，一家较小的目标公司可能通过寻找融资渠道，尝试收购这个企业的关键资产或其整体，从而转变战局，使原收购者陷入防守。

三、与 A 股上市公司有关的并购融资及法律要点

与上市公司有关的并购交易不仅在融资安排上具有独特性，同时也受到更为严格的法律监管。以中国 A 股上市公司的并购为例，

这类交易通常涉及复杂的融资结构和多层次的法律监管框架。

（一）上市公司并购融资安排及其考量

对于 A 股上市公司而言，进行并购时的融资方式多样，主要包括但不限于以下几种。

• 自有资金：上市公司使用自身积累的资金进行并购。这种方式直接且对公司现金流的影响较大，适用于财务状况较好的公司。

• 银行贷款：上市公司通过向银行或其他金融机构申请贷款来获得并购资金。这种方式增加了公司的财务杠杆，但也带来了利息负担。

• 发行债券：上市公司可以通过公开发行债券来筹集并购所需的资金。债券可以是公司债、可转换债券等形式，这种方式同样会增加公司的负债。

• 发行股份：上市公司通过增发股份或发行可转换债券等方式，将股份作为支付手段的一部分，用于并购支付。这种方式可能会稀释原有股东的权益，但不会直接影响公司的现金流。

• 混合融资：在实际操作中，上市公司可能会采用上述几种融资方式的组合来进行并购，以达到优化融资成本和结构的目的。

A 股上市公司在进行并购重组活动时，面对的挑战不仅仅局限于设计一个合理的融资结构来降低融资成本和优化资本结构，更重要的是，必须严格遵循复杂的法律监管要求，以确保交易的合法性和合规性。随着《中华人民共和国证券法》《上市公司重大资产重组管理办法》《上市公司收购管理办法》等相关法律法规的不断修订与更新，2022 年证监会及证券交易所对证券期货法律适用意见及格式准则、编报规则等监管规则进行了系统性的修订。这一系列的更新不仅涵盖了整合和修订，还包括了部分实质性的修改。

具体来说，证监会在其监管修订中，主要关注了非经营性资金占用问题的最迟解决时点、监管流程、控制权变动的披露要求、境内外分拆监管要求以及分拆条件等方面的调整。同时，交易所层面的修订则侧重于在确定标的资产行业定位的基础上，对提交重组申请文件以及在交易所审核、证监会注册等环节的信息披露要求、停复牌相关规定等方面进行了明确。

在进行并购融资及相关法律遵循时，A 股上市公司还需特别注意以下几点。

• 信息披露的及时性和准确性：确保并购相关信息披露符合监管要求，避免误导投资者。

• 交易公平性的评估：特别是关联交易，需要独立第三方评估，确保交易条件公平、合理。

• 中小股东权益的保护：在并购过程中，应考虑中小股东的权益，合理安排股东大会的表决程序等。

在上市公司成为并购标的时，涉及的法律法规和监管要求较为复杂，不仅需要关注交易本身的合法性和合规性，还需兼顾股东利益、市场反应和潜在的监管审查。主要考虑事项包括但不限于以下几项。

• 控制权转移：上市公司作为并购标的，其控制权的转移不仅涉及价格和支付方式的谈判，还必须考虑对上市公司经营的影响、对员工的影响以及对少数股东权益的保护。控制权转移还需符合《上市公司收购管理办法》中关于要约收购的规定，若收购达到一定比例，收购方可能需要向所有股东发出全面要约收购。

- 信息披露：在整个收购过程中，上市公司及其潜在收购方都需要严格遵守信息披露规定，及时、准确、完整地向公众披露交易信息，包括但不限于交易方案、交易价格、支付方式、交易进展等，以避免市场猜测和不公平交易。

- 反垄断审查：若并购交易可能影响市场竞争格局，还需要按照《中华人民共和国反垄断法》的要求，向市场监管总局申报并获得并购交易的反垄断审批。

- 外资参与的特别考虑：如果收购方为外资企业或金融机构，还需考虑《中华人民共和国外商投资法》及其实施细则的规定，确保交易符合中国对特定行业外资投资的限制和要求。

（二）注册制改革对于 A 股并购重组市场的影响

2023 年 2 月 1 日，全面实行股票发行注册制改革正式启动，这一改革的推出，是中国资本市场发展的重大里程碑。作为一项体制性和系统性的改革，注册制的实施深刻改变了股票发行上市、并购重组的监管体制，对二级市场交易、上市公司监管、退市机制等都产生了深远的影响。[1] 证监会与沪深证券交易所紧紧围绕以信息

---

[1] 中国上市公司协会. 中上协发布 | 上市公司并购重组年度报告（2023）[EB/OL].（2023-04-11）[2024-04-03]. https://www.capco.org.cn/pub/zgssgsxh/xhdt/xhyw/202304/20230411j_202304111112326000168118352647794483.html.

披露为核心的注册制理念，对并购重组的各层级制度体系进行了完善和重构，主要通过精简优化发行条件、细化操作规则、增加制度的包容性等措施，极大提高了上市公司并购重组的自主性和便利度，为上市公司做强主业、提升质量提供了重要支撑。

这一改革对并购重组市场的积极影响主要表现在以下几个方面。

• 市场活力和效率的提升：注册制的实施简化了发行条件，使得操作规则更加细化，增强了制度的包容性。这些措施降低了上市公司进行并购重组的门槛和成本，使市场更加活跃，并增加了市场的动态调整能力。

• 公司自主权的增强：在注册制下，上市公司进行并购重组的自主性显著提高。公司可以根据自身的发展需求和市场条件，更加灵活地进行战略调整和资源配置，有效推动主业发展和公司质量的提升。

• 市场透明度的促进：完善的信息披露制度要求上市公司提供更真实、准确、完整的信息，帮助投资者做出更理性的决策，提高了市场的透明度和公平性。

• 资源配置的优化：注册制下的并购重组市场活跃，促进了资本市场资源的优化配置。资源能够更有效地流向能产生更高效益的领域，提升了整个市场的竞争力和活力。

• 退市机制的完善：注册制改革通过提高市场门槛和完善退市机制，确保了在市场上流通的公司的质量，减少了无效和低效资产的存在，增强了市场的整体健康度。

综上所述，注册制改革的全面推进，不仅为上市公司并购重组提供了更大的自主性和便利性，也在提高市场效率、促进资源合理配置、增强市场透明度和公平性等方面发挥了重要作用。

（三）A股上市公司杠杆收购涉及的法律问题

杠杆收购在A股上市公司中所涉及的法律问题是多维度和复杂的，主要体现在以下几个方面。

第一，融资渠道的法律困境：在探讨A股市场杠杆收购所面临的挑战时，"宝万之争"提供了一个突出例证，展示了融资渠道的复杂性是杠杆收购过程中的一个重要方面。该案例不仅揭示了杠杆融资工具的多样化应用，也凸显了在融资过程中可能遇到的风险和挑战。[①]

在"宝万之争"中，宝能系通过一系列复杂的金融操作和融资手段，尝试对万科控股。宝能系首先利用资产管理计划和嵌套式资产管理计划等金融杠杆工具，动用巨额资金进行收购。宝能系使用的融资方式包括但不限于自有资金、保险资金、银行贷款、证券公司和基金公司的资产管理计划等。这一过程中，宝能系展现了杠杆融资的强大能力，通过较少的自有资金撬动了大量的外部资金，实现了对万科股份的大规模购买。

宝能系的操作中，尤其值得注意的是其对保险资金的极限运

---

① 中国财富管理50人论坛，清华大学国家金融研究院联合课题组.规范杠杆收购，促进经济结构调整——基于"宝万之争"视角的杠杆收购研究 [J]. 清华金融评论，2018（9）.

用，以及通过成立浙商宝能合伙基金等方式，利用多家银行和金融机构的资金支持其收购行动。例如，宝能系首先投入 62 亿元自有资金，通过杠杆操作撬动 262 亿元资金，其中包括通过资产管理计划买入万科股票的操作。这一系列操作的杠杆倍数高达 4.19，显示出宝能系在金融操作上的高度灵活性和策略性。

然而，这种高杠杆的操作也带来了显著的风险。监管层对杠杆倍数过高的资管计划持谨慎态度，并通过相关规定限制了股票类、混合类结构化资产管理计划的杠杆倍数，以防止风险过度集中和市场动荡。例如，依据《证券期货经营机构私募资产管理业务运作管理暂行规定》和《证券期货经营机构落实资产管理业务"八条底线"禁止行为细则》，对股票类、混合类以及其他类型结构化资产管理计划的杠杆倍数设定了明确的上限。这旨在通过规定杠杆使用的边界，维护市场秩序和投资者利益，同时也体现了监管层对风险管理的重视。"宝万之争"中的高杠杆操作，尤其是通过股票质押等方式获取的理财资金，暴露了高杠杆融资在面临市场波动时可能导致的财务压力和稳定性问题。

第二，信息披露合规问题：在杠杆收购案例中，信息披露的合规性尤为关键，旨在确保市场的透明度和真实性。《中华人民共和国证券法》对信息披露的要求明确，旨在保护投资者权益和维护市场秩序。然而，浙江万好万家文化股份有限公司（以下简称万家文化）及其杠杆收购案中的信息披露违规行为凸显了这一过程中可能遇到的合规问题。该案例中，收购方在资金准备不足、融资待审批且存在不确定性的情况下进行的收购行动及其信息披露的不实，对市场和投资者产生了严重误导。

2016 年 12 月，西藏龙薇文化传媒有限公司（以下简称龙薇传媒）与万家集团签订股权转让协议，计划收购万家文化 29.14% 的股份。然而，在这一高杠杆收购过程中，龙薇传媒披露的资金来源信息存在虚假记载和重大遗漏。例如，虽然公告中提到了由银必信提供的 15 亿元借款和其他金融机构的资金支持，实际上这些资金的到位有严格条件，且融资审批的通过并不确定。赵薇仅用 6000 万元的自有资金作为首付，尝试撬动 51 倍的收购杠杆，这一操作的风险极高。[①]

事态进展中，万家文化股价经历了大幅波动。最终，由于金融机构融资审批未能完成等原因，龙薇传媒与万家集团解除了股权转让协议。这一高杠杆收购尝试虽然失败，但其过程中的信息披露问题引起了监管机构的高度关注。

证监会在 2017 年 11 月对此事件做出了行政处罚，明确指出龙薇传媒在控股权转让过程中的信息披露存在严重的虚假记载和重大遗漏，对市场和投资者产生了严重误导。2018 年 4 月 11 日，证监会对万家文化、龙薇传媒，以及孔德永、黄有龙、赵薇和赵政做出行政处罚决定。[②] 其中，对万家文化和龙薇传媒做出责令改正、给

---

① 曾剑. 龙薇传媒信披说假话，赵薇挨罚 证监会怒斥 "名人效应" 严重误导投资者 [EB/OL]. (2017-11-10) [2024-06-25]. http://www.nbd.com.cn/articles/2017-11-10/1160240.html.

② 中国证监会. 中国证监会行政处罚决定书（万家文化）[2018] 32 号 [EB/OL]. (2018-04-11) [2024-06-25]. http://www.csrc.gov.cn/csrc/c101928/c1042604/content.shtml?dt_dapp=1&dt_platform=com.d.

予警告和罚款 60 万元的行政处罚；对孔德永、黄有龙、赵薇和赵政给予警告，并罚款 30 万元。同时，证监会做出市场禁入决定，[①]对孔德永、黄有龙和赵薇分别采用 5 年证券市场禁入措施。这一处罚不仅是对当事人的直接惩戒，更是表达了监管部门对信息披露违法违规行为绝不容忍的坚定态度。

万家文化案例的处罚细节，强调了信息披露合规性的极端重要性，并展示了监管机构对确保信息披露真实性、完整性的严格要求。这一案例为市场参与者提供了重要的教训：必须严格遵循信息披露规定，确保交易过程中的透明度和公正性，以维护健康有序的市场环境，保护投资者的合法权益。

第三，一致行动人身份问题：在杠杆收购中，常见的融资结构包括银行贷款、股东/关联方借款、有限合伙与普通合伙身份混杂、股权质押、资管计划嵌套等多种手段。虽然上市公司会对一致行动人进行合规披露，但在这种复杂的多重融资结构下，一致行动人的实际控制人的真实身份往往难以明晰，变成一个谜。这不仅增加了监管的难度，也使得投资者在避开监管和披露要求方面变得相对容易，给上市企业的并购监管带来了挑战。

第四，审批程序的复杂性：在上市公司的并购重组过程中，审批程序的复杂性是一大挑战，尤其是在涉及杠杆收购时。这类交易不仅需要满足普通的并购要求，还面临着额外的审批层面的挑战。

---

① 中国证监会 . 中国证监会证券市场禁入决定书（孔德永、赵薇、黄有龙）〔2018〕7 号〔EB/OL〕.（2018-04-11）〔2024-06-25〕. http://www.csrc.gov.cn/csrc/c101927/c1042067/content.shtml.

杠杆收购往往牵涉到国有资产审批、外商投资审批、证券监管审批乃至反垄断审批等多个层面，这些复杂的审批流程显著增加了交易的难度和不确定性。

第五，股票融资监管：杠杆收购还可能受到股票融资监管的影响。一旦杠杆收购被纳入股票融资监管的范畴，其相关的融资安排是否构成贷款及其担保，是否超过杠杆率限制等问题将成为技术化的法律适用问题。

在一些资管计划中，如果计划份额净值下降到一定程度，可能会触发强制平仓，或需要劣后级补缴保证金来保护优先级份额持有人的利益。这反映了在融资操作中，特别是使用杠杆和复杂结构时，需要精密的风险管理机制来防范财务危机。这对管理人才提出了高要求，包括对市场动态的敏感性、风险控制能力和决策判断力。

第六，跨境并购的法律要点：对于涉及跨境并购的杠杆收购，新证券法下的跨境并购及杠杆收购融资要点分析显示，中国对外投资总体持续平稳发展，但跨境并购作为主要手段，其法律要点分析显示了其复杂性和挑战性。

综上，杠杆收购在 A 股上市公司中所涉及的法律问题是多维度和复杂的，不仅包括融资渠道的法律困境、信息披露义务、审批程序的复杂性、股票融资监管的影响，还有跨境并购的特殊法律要点。这些问题的存在使得杠杆收购成为一个高风险、高难度的经济活动，需要参与者具备高度的专业知识和谨慎的态度。

这些法律问题的存在，反映了杠杆收购在我国资本市场中面临的种种挑战，同时也指出了监管机构在未来需要克服和解决的关键法律政策问题。

四、跨境并购融资及法律要点分析

（一）跨境并购的融资模式和交易条款

1.跨境并购的融资模式

在全球化的商业格局中，跨境并购活动成为企业国际化战略的重要组成部分。与此同时，跨境并购融资作为这一活动的支柱，其复杂性不仅来源于多元化的融资结构，还包括了与之相关的法律环境。跨境并购融资的显著特征在于目标资产通常位于境外，这要求并购支付使用当地货币，从而在融资币种为人民币时，需要解决换汇和资金出境的问题。

融资模式可分为三种基本类型：境内直贷、内保外贷、境外直贷。而融资性质又可细分为债权、股权、债券和基金四类。每种融资方式因其独特的属性和应对的具体需求，都在并购融资结构中占有一席之地。

境内直贷模式下，企业直接从国内银行获得人民币贷款用于支付跨境并购款项，需要企业自行管理汇率风险。

内保外贷是最常见的融资模式，它允许企业通过境内银行或其他机构的担保来获得境外贷款。这种方式使得企业能够规避汇率风险，并简化了外汇管理流程。在违约风险方面，境内担保机构将承担连带责任。

境外直贷则涉及企业直接从境外银行获得贷款，有助于利用国际资本市场的资金，但需要企业在境外具备相应的信用和抵押能力。

为了解决多变的融资需求和提高融资的灵活性与效率，金融机构常常采用组合融资结构。

过桥融资＋并购贷款结构设计为初期使用过桥融资以快速完成交易，在并购贷款审批完成后，使用后者替换高成本的短期融资。

过桥融资＋并购贷款＋债券融资组合用于那些并购贷款的本息不能完全由目标资产的现金流覆盖的情况，此时通过引入债券融资以获得额外资金。

债务融资＋股权融资是在并购贷款不能完全覆盖交易对价时，通过引入股权融资来补足资金缺口的方法。

此外，跨境换股和并购基金是特殊的融资方式。跨境换股减少了筹资难度，降低了资金成本，缓解了资金出境压力。并购基金则通过收购并重组企业股权，为并购提供了一种长期资金解决方案。

总而言之，跨境并购融资不是一个孤立的金融行为，而是一个多维度、高度复杂的策略决策过程，它涉及金融管理、汇率政策和国际法律等多方面的考量。

2. 特殊条款在跨境并购融资中的应用

（1）银团贷款相关条款

银团贷款相关条款在国际并购融资合同中占有重要地位，这类条款规定了多个贷款机构（即银团成员）共同提供贷款给单一借款人的具体条件和机制。该类条款详细阐述了银团的结构、各成员的贷款份额，以及贷款的管理和运作方式。重要的是，银团贷款相关条款还包括了决策过程、资金的分配，以及在违约或其他特定情况下的行为准则。此外，该类条款还明确了银团贷款的领导机构——通常由一个或多个银行担任银团的管理者或代理人，负责协调银团内部的通信、资金分配以及合同执行等事宜。通过银团贷款相关条款的设立，确保了贷款过程的透明度和效率，同时也为贷款人和借款人之间建立了清晰、有序的合作关系，降低了单个贷款人的风险，促进了大规模国际融资项目的顺利进行。

（2）交易的先决条件

在跨境并购融资的交易结构中，设定交易的先决条件是常见且关键的做法。这些先决条件包括但不限于获得相关政府机构的批准，以及满足特定法律和监管要求。例如，对于涉及中国企业的对外投资项目，必须获得中国政府的批准。同样，涉及美国企业的并购案则需通过美国外国投资委员会（CFIUS）的审查。这些条件构成了交易进行的基础，并直接影响到融资的提供及交易的成功完成。

除了这些政府和法律层面的审查之外，放款的前提条件也是跨境并购融资中不可或缺的一部分。这些条件通常包括贷款人完成的独立尽职调查的结果，以及借款人在信贷协议中所做的陈述和保证的真实性。放款前提条件的设立确保贷款人能够在正式放款前验证交易的各项细节和借款人的信用状况，从而有效控制贷款风险。

（3）反向财务资助

在普通法体系下，禁止目标公司为其自身的股份收购提供财务资助的原则旨在保护公司及其股东的利益，防止公司资产的流失可能导致的财务不稳定。

然而，在特定例外情况下，这一禁令可以被豁免。这些例外情况通常涉及两个重要程序：一是特别股东大会的决议，这要求公司召开股东大会，对是否允许进行该财务资助进行表决；二是董事会的偿债能力声明，除了股东大会的决议外，公司董事会还需要做出正式声明，确认公司提供财务资助后，仍然具备充分的偿债能力。

（4）上下游股权质押

在国际并购融资操作中，股权质押的安排通常是多层次的。具体而言，贷款人要求质押涵盖目标公司的上游持股主体以及下游重要子公司的股权，实现对多个主体股权的全方位质押。

对目标公司及其上游股权进行质押，其核心目的在于确保买方与目标公司之间的股权关系稳定，避免借款人在未获得贷款人许可的情况下，直接或间接地处置目标公司股权，从而保护贷款人的利益。

对目标公司下属重要子公司股权进行质押，其背后逻辑是：一旦借款人发生违约，通过控制重要子公司的股权质押，质权银行能优先归集子公司的分红。

（5）账户设立与资金监管

在贷款项目的管理过程中，账户设立与资金监管是贷款人常用的核心措施之一，旨在通过严格的资金流动控制，确保贷款资金的合规使用和有效归集。具体而言，贷款人会要求借款人或其他相关债务人将所有相关收入存入指定的银行账户，并通常以境外贷款人为受益人，对这些账户及其中的存款设立担保，或与境外贷款人签订账户监管协议，从而赋予境外贷款人对账户的控制权。

此类措施的设立主要基于两个目标：一是确保贷款资金的使用严格符合预定目的，防止资金被挪用至非预定用途，以保证贷款用途的合规性与透明性；二是通过建立特定账户（如贷款资金使用账户、偿债准备金账户、目标公司分红账户等）来有效控制还款来源，促进还款资金的有效归集，确保贷款能够及时偿还。

（二）境外贷款与内保外贷的法律环境

1. 境外贷款业务的法律环境

2022 年 1 月 29 日，中国人民银行与国家外汇管理局联合发布了《关于银行业金融机构境外贷款业务有关事宜的通知》（以下简称 27 号文），自 2022 年 3 月 1 日起实施。该通知不仅标志着以往关于境外贷款的部分规定被更新，也意味着中国对银行业金融机构进行境外贷款业务的监管环境进一步明确和完善。

27 号文的发布，意味着 2007 年和 2011 年有关境外人民币贷款业务的两份文件被废止，并对境内银行业金融机构开展境外贷款业务的条件、备案与数据报送要求、贷款业务的内涵等进行了详细的规定和明确。特别是，该通知大幅放宽了参与境外贷款的银行范围，明确了境外贷款业务包括直接向境外企业发放本外币贷款或通过向境外银行融出资金等方式间接向境外企业发放一年期以上（含）本外币贷款的行为。

27 号文还进一步明确了境外贷款业务的监管框架，要求境内银行在开展境外贷款业务前，需完成备案工作，并建立完善的业务操作规程和内控制度。同时，对于跨境担保涉及的境外贷款业务，还需区分境内外债权人分别报送相关信息，并纳入境外贷款余额管理。

此外，27号文对境外贷款余额设定了上限，通过银行一级资本净额、境外贷款杠杆率和宏观审慎调节参数等因素来调控，旨在对跨境资金流动实施宏观审慎管理。同时，鼓励以人民币形式发放境外贷款，推动人民币的国际化进程。

27号文还明确了"三不得"原则，即境外贷款资金不得用于证券投资、偿还内保外贷项下境外债务或进行投机套利性交易等，确保资金用途的合规性和真实性。境内银行在开展境外贷款业务时，需要加强对债务人的尽职调查，确保资金用途的合法性和合规性。

总的来说，27号文构建了一个更加明确和完善的境外贷款法律环境，旨在促进跨境资本的双向流动和人民币国际化，同时加强对境外贷款业务的监管，确保金融市场的稳定和健康发展。

2. 内保外贷相关政策和机制

《国家外汇管理局关于发布〈跨境担保外汇管理规定〉的通知》（汇发〔2014〕29号）对跨境担保进行了明确，将其定义为担保人向债权人做出的、具有法律约束力的承诺，用于履行担保合同约定的付款义务，可能涉及资金跨境收付或资产所有权跨境转移。跨境担保根据担保各方的注册地分为内保外贷、外保内贷等。

内保外贷特指担保人注册地在境内，而债务人和债权人注册地在境外的模式。它结合了跨境融资、外汇监管和国际惯例等多方面复杂因素，是一种综合性的融资业务。这种模式下，内保可以是由境内的银行或非银行机构提供，形式包括银行保函、抵押、质押等；外贷则是由注册地在境外的机构对境外企业提供贷款。实务操作中，境内银行接受境内企业提供的反担保，以保函或者备用信用证（SBLC）的方式为境外贷款提供跨境担保较为普遍，[①] 交易场景如图 9.1 所示。

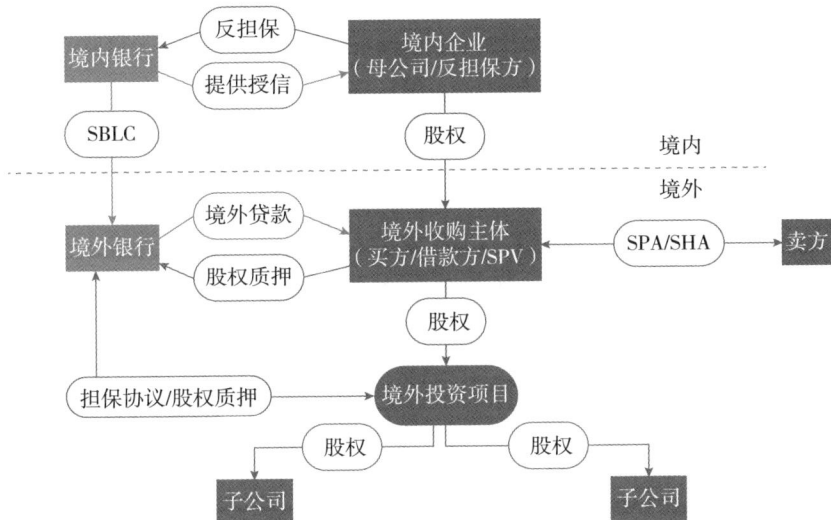

图 9.1　内保外贷交易场景

为了引导和规范境外资金的有序流入，并支持真实合规的跨境投融资活动，国家外汇管理局在 2017 年发布了《关于进一步推进

---

① 周昕，虞磊珉，王晓雪.境外投资新规下开展内保外贷业务的正确姿势［EB/OL］.（2018-02-01）［2020-1-18］. https://www.chinalawinsight.com/2018/02/articles/finance/%E5%A2%83%E5%A4%96%E6%8A%95%E8%B5%84%E6%96%B0%E8%A7%84%E4%B8%8B%E5%BC%80%E5%B1%95%E5%86%85%E4%BF%9D%E5%A4%96%E8%B4%B7%E4%B8%9A%E5%8A%A1%E7%9A%84%E6%AD%A3%E7%A1%AE%E5%A7%BF%E5%8A%BF/.

外汇管理改革完善真实性合规性审核的通知》（汇发〔2017〕3号）和《国家外汇管理局综合司关于完善银行内保外贷外汇管理的通知》（汇综发〔2017〕108号）。这些规定在《跨境担保外汇管理规定》（汇发〔2014〕29号）基础上，对内保外贷业务进行了进一步的明确和完善。特别是，取消了对内保外贷资金回流内地的主要限制，为企业的跨境投融资提供了更大的便利，有利于更好地实现资金与市场需求的匹配。

然而，随着政策的放宽，内保外贷的审查机制也随之加强，要求境外贷款人在申请内保外贷登记时，必须通过对境外被担保人的主体资格合法性、担保的商业合理性、还款能力等方面的严格审查。此外，近年实施的《中华人民共和国民法典》及相关司法解释，对担保制度做出了更为明确的规定，特别是对上市公司或其子公司提供的担保行为，要求进行公司决议并公开披露，以确保担保行为的透明性和合规性。

总体来看，内保外贷相关的政策和机制的发展，旨在平衡跨境资金的流动，促进国际贸易和投融资的便利性，同时通过加强监管和审查，防范跨境资金流动的风险，确保金融市场的稳定性和安全性。

（三）跨境并购融资相关其他重要法律考量

在并购活动中，企业面临的挑战远不止财务和战略层面，还包括一系列复杂的法律和监管问题。这些问题的妥善处理对于确保交易的顺利进行至关重要。以下是对五个关键问题的深入分析。

1. 反洗钱规定

反洗钱（AML）规定在国际并购融资过程中扮演着至关重要的角色。它们不仅是保证金融系统稳定性的关键，也是确保国际交易合法性、透明度和安全性的基石。在全球化的经济背景下，跨境并购活动频繁，资金流动庞大而复杂。这就要求所有参与方严格遵守反洗钱规定，以防止洗钱活动的发生。

（1）一些重要法律和规则

• 《中华人民共和国反洗钱法》[①]：这是中国在反洗钱领域的核心法律文件，为中国境内的金融机构和企业提供了反洗钱的法律框架。该法律要求相关机构建立客户身份识别制度、保存交易记录，并对可疑交易进行报告。

• 国际标准：金融行动特别工作组（FATF）[②]是一个政府间的国际组织，制定了全球反洗钱和打击恐怖融资的标准。其推荐的40项建议是全球反洗钱努力的基础。

• 欧盟指令：例如，第五反洗钱指令（5AMLD）[③]加强了对预防洗钱和恐怖分子融资的监管要求，增加了对虚拟货币和预付卡的规定。

[①]　《中华人民共和国反洗钱法》自 2007 年 1 月 1 日起施行。

[②]　详见 https://www.fatf-gafi.org/en/home.html。

[③]　欧洲议会和欧盟委员会于 2018 年 5 月 30 日通过的《第 2018 / 843 号指令（欧盟）》，修订关于防止将金融系统用于洗钱或恐怖融资的《第 2015 / 849 号指令（欧盟）》，同时修订《第 2009 / 138 / EC 号指令》和《第 2013 / 36 / EU 号指令》（该文与 EEA 相关），详见 https://eur-lex.europa.eu/legal-content/EN/TXT/PDF/?uri=CELEX:32018L0843&from=EN。

（2）相关实例分析

一家中国企业想要收购一家欧洲企业。在此过程中，除了需要遵守《中华人民共和国反洗钱法》外，还必须符合欧盟的反洗钱指令。这要求企业进行深入的尽职调查，包括验证交易资金的来源、评估涉及方的风险等级，以及监控交易过程中可能出现的可疑行为。

2. 外汇管制政策

在国际并购融资过程中，外汇管制政策和实践操作发挥着至关重要的作用。它们不仅影响着资金的跨境流动性和时效性，还关系到交易的合规性和最终成功。通过理解外汇管制的法律框架、遵守相关规定，并采取有效的应对策略，企业可以在国际并购中更好地管理外汇风险，确保资金的顺畅流动，从而提高交易的成功率。

（1）一些重要法律和规则

在中国，国家外汇管理局和中国人民银行是主要的外汇管理机构。它们发布了一系列关于跨境资金流动的规定，其中包括以下规定。

• 《中华人民共和国外汇管理条例》[①]：是中国外汇管制的基本法律框架，规定了外汇市场的管理原则和外汇交易的基本规则。

• 跨境融资规定：包括外债登记、外汇贷款、外汇额度审批等，这些规定影响着公司通过跨境融资进行并购的能力。

• 跨境支付与汇款规定：明确了跨境交易中资金汇出和汇入的

---

① 《中华人民共和国外汇管理条例》自 2008 年 8 月 1 日起施行。

审核流程、额度限制等，确保资金流动的合规性。

（2）相关实例

一个典型的例子是中国企业收购海外资产时面临的挑战。2016年，中国的外汇管制政策收紧，对大额的海外直接投资（ODI）进行了严格审查，这导致一些大型并购交易被延迟或取消。企业必须更加谨慎地规划其跨境资金流动，以确保交易的顺利完成。

3. 反垄断审查

反垄断审查在国际并购融资过程中的重要意义不容小觑，它关乎着市场的健康发展、消费者的利益保护以及维护公平竞争的市场环境。并购活动如果未经审慎的反垄断审查，可能导致市场竞争力的减弱、垄断行为的产生，甚至对国家安全造成潜在威胁。因此，理解并遵循相关的法律和规则，对于参与国际并购的企业和投资者而言至关重要。

（1）一些重要法律和规则

各国关于反垄断的法律和规则多有不同，但主要目标相同，即防止市场竞争力的减弱和消费者利益的损害。以下是一些国际上著名的反垄断法律。

• 美国：美国国会 1890 年通过的第一部反垄断法案《谢尔曼反垄断法》（Sherman Antitrust Act）、1914 年颁布的《克莱顿法案》（Clayton Act）和《联邦贸易委员会法》（Federal Trade Commission Act）[1] 是美国反垄断法律的基石，对合并和收购有严格规定。

---

① 吴汉东，张平，张晓津.人工智能对知识产权法律保护的挑战［J］.中国法律评论，2018（2）：59-78.

• 欧盟：欧盟关于合并控制的法律体系主要包括《欧盟合并条例》（EC Merger Regulation）及其实施条例（the Implementing Regulation）、欧盟《横向合并评估指南》（HMG）与《非横向合并评估指南》（NHMG）等①。

• 中国：《中华人民共和国反垄断法》②规定了禁止垄断协议、禁止滥用市场支配地位和对经营者集中的审查制度。《国务院关于经营者集中申报标准的规定》③则明确了关于经营者集中的具体申报标准。

（2）相关实例

• 高通收购恩智浦：高通在尝试收购半导体制造商恩智浦时，遭遇了中国反垄断机构的审查。④最终，由于未能在中国获得批准，这一交易被迫取消，凸显了跨境并购中反垄断审查的重要性和影响力。

• 谷歌收购 Fitbit：谷歌在收购健康追踪设备制造商 Fitbit 时，受到了欧盟反垄断机构的严格审查。为了满足欧盟的要求，谷歌不得使用 Fitbit 的健康数据用于广告服务。⑤

---

① 郭玉新. 欧盟合并控制竞争执法中创新损害问题研究［J］. 科技进步与对策,2021,38（4）：96-103.

② 《中华人民共和国反垄断法》自 2008 年 8 月 1 日起施行。

③ 《国务院关于经营者集中申报标准的规定》于 2023 年 12 月 29 日起施行。

④ 霍琦. 交易失败！高通收购恩智浦未获中国监管部门批准［EB/OL］.（2018-07-26）［2023-10-15］. https://finance.sina.com.cn/stock/usstock/c/2018-07-26/doc-ihfvkitw9392107.shtml.

⑤ 詹昊，等. 新反垄断法解读系列——并购交易中的数据与反垄断监管［EB/OL］.（2022-07-25）［2023-10-15］. http://cn.legalband.com/Content/2022/07-25/1109262037.html.

4. 国家安全审查

国家安全审查在国际并购融资过程中起着至关重要的作用，旨在保护国家安全利益，同时平衡全球化带来的经济机会与潜在的安全风险。此类审查机制通常涉及对外国直接投资（FDI）的深入分析，以确定这些投资是否可能威胁到接收国的国家安全。外商投资国家安全审查通常由政府相关部门负责，审查内容可能包括但不限于外国投资者的背景、投资交易的性质、目标企业所在的行业以及交易对国家安全的潜在影响。如果审查结果认为某笔外国投资可能对国家安全构成威胁，政府有权采取必要措施，包括限制、调整甚至禁止相关交易。

（1）一些重要法律和规则

国家安全审查领域的一些重要法律和规则机制包括但不限于以下这些。

- 美国外国投资委员会（CFIUS）

法律依据：《外国投资风险审查现代化法案》（FIRRMA），该法案是《国防授权法案》的一部分，于 2018 年生效。FIRRMA 扩大了美国外国投资委员会的权限，使其能够更广泛地审查和干预外国对美国企业的投资，尤其是涉及关键技术、关键基础设施和敏感个人数据的交易。

- 欧盟外国直接投资筛选机制

法律依据：2019/452 号条例。该条例旨在建立欧盟成员国对外国直接投资进行审查的框架，以保护安全和公共秩序。它鼓励成员国建立或维持审查机制，并要求他们就可能影响安全或公共秩序的投资进行信息共享。

- 中国的外商投资

法律依据：2019 年的《中华人民共和国外商投资法》及其实施细则，该法律于 2020 年 1 月 1 日起实施，旨在促进外商投资，保护外商投资者的权益，同时强化了对外商投资涉及国家安全的审查。

- 英国国家安全与投资法案

法律依据：《国家安全与投资法案》（2021 年）。这一新法律标志着英国国家安全审查制度的重大改革，提供了对能够引起国家安全问题的任何形式的投资进行审查的广泛权限。

这些法律和规则共同构成了全球国家安全审查机制的基础，它们的目的是在促进外国投资和国际合作的同时，保障各自国家的安全和公共利益。随着国际地缘政治的变化和全球安全环境的发展，这些法律和规则也在不断地调整和更新，以应对新的挑战和风险。

（2）相关实例

- ByteDance 收购 Musical.ly（现为 TikTok）：美国外国投资委员会对这笔交易进行了审查，因担心中国公司控制这一平台可能对美国国家安全构成威胁。

- 格陵兰机场建设项目：中国企业参与的格陵兰机场建设项目受到了美国和丹麦的关注，最终丹麦政府介入，阻止了中国企业的参与，原因是担心该项目可能对军事安全产生影响。

- 华为和 5G 网络建设：多国政府对华为参与 5G 网络建设的安全担忧导致了对该公司的投资和合作项目进行国家安全审查。

5. 跨境税收问题

跨境税收在国际并购融资过程中起着至关重要的作用，因为它直接影响到交易的成本效益和成功的可能性。在全球化的商业环境中，企业进行跨境并购时，必须面对复杂的税收问题。这些问题涉及不同国家的税法、双边或多边税收协定以及国际税收规则。

（1）一些重要法律和规则

• 双边税收协定：这些协定旨在避免双重征税和预防税务逃避。它们规定了各种类型的收入（如股息、利息和版权费）在两个国家之间如何征税，从而为跨境投资提供税收确定性和优惠。

• 转让定价规则：经济合作与发展组织（OECD）的《转移定价指南》提供了全球性的框架，要求跨国公司的内部交易价格必须与独立第三方在相同情况下的交易价格相一致。

• 税收征收管理法：这类法律规定了税收征收的程序和纳税人的义务，是确保税务合规和处理税务争议的基础。

根据经验，建议收购方在海外成立并购实体，与并购基金共同设立特殊目的公司（SPV）。必要时可在不同国家和地区成立多个特殊目的公司，以满足法规要求和进行税务筹划。

（2）相关实例

• 阿里巴巴收购雅虎中国：在这类交易中，涉及的税收规划可能包括如何利用中国与交易对方国家之间的税收协定来减少股权转让所得税。

• 沃尔玛收购 Flipkart：此交易涉及的一个重要税务考虑是如何处理印度的资本利得税，以及如何利用双边税收协定来优化税务结果。

10 第十章
Chapter 10

杠杆收购的案例与分析①

---

① 本章作者为仇健。仇健，厦门大学会计学博士，在券商行业从业 15 年，包括投行、资本市场政策研究、投资管理等，参与了数百家企业的 IPO 再融资并购、股权投资等工作。

一、境外企业和资本方杠杆收购案例

(一)1989 年 KKR 收购雷诺兹－纳贝斯克（收购对价 250 亿美元，KKR 出资 14.36 亿美元）

20 世纪 80 年代是美国杠杆收购的繁荣期。迈克尔·米尔肯推出的高收益债券，成为杠杆收购方重要的融资方式。本案例综合采用了包括发行高收益债券在内的各种融资方式，是杠杆收购的经典案例。

【并购标的简介】雷诺兹－纳贝斯克（RJR Nabisco，以下简称 RJR 公司）由美国老牌食品生产商 Standard Brands 公司、Nabisco 公司与美国两大烟草商之一的 RJR 公司合并而成，是纽交所（NYSE）上市公司。被并购时，RJR 公司是美国排名第 19 位的工业公司，雇员 14 万，拥有诸多知名消费品牌，包括奥利奥、乐芝饼干、骆驼牌香烟、LifeSavers 糖果等。公司资产负债率较低（约 30%），约 58% 的利润来自烟草，业绩稳定。

【收购过程】1988 年 10 月，以 RJR 公司 CEO 罗斯·约翰逊为代表的管理层与其合作方希尔森公司向董事会提出管理层收购公司的建议，收购价为每股 75 美元，高于公司历史最高价（71 美元左右）。RJR 公司的普通股约 2.27 亿股，优先股 130 万股，总价超过 170 亿美元，其中 150 亿美元左右的资金需要通过商业银行贷款解决。董事会当即成立委员会评估收购方案，并公布消息。几天后，KKR 也提出了每股 90 美元的收购方案。之后双方展开多轮竞标，最终 KKR 以普通股每股 109 美元、优先股每股 108 美元、总价 250 亿美元的方案胜出。普通股每股 109 美元的对价包含 81 美元现金（占比 74%）、18 美元优先股和 10 美元可转债。加上支付给各中介机构的费用及其他开支，总交易额超过了 260 亿美元。

收购过程分两阶段：第一阶段是要约收购，KKR 以支付现金 189 亿美元获得占比 74% 的 RJR 公司普通股；第二阶段，发行优先股和可转债，获取剩余 26% 的股份，之后 RJR 公司从纽交所退市。KKR 利用 RJR 的融资能力发行高收益债券，并陆续出售 RJR 的资产，偿还收购过程中的过桥贷款和短期贷款。

收购完成后的架构如图 10.1。最上层的 RJR 控股公司有三个股东，分别为 KKR 设立的合伙企业（持股 95.7%，其中 KKR 作为普通合伙人出资 1500 万美元）、美林证券（1.7%）、管理层（2.6%）。往下各级公司均为 100% 持股，RJR Acquisition Corporation 并入 RJR 公司，RJR 公司从纽交所退市。

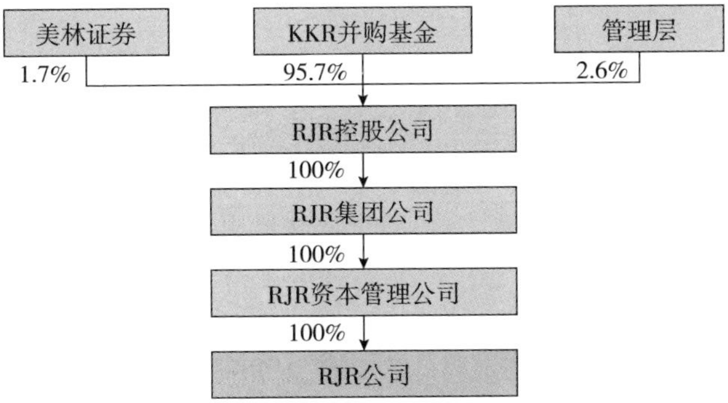

图 10.1　KKR 收购 RJR 公司完成后架构图

【资金来源】KKR 设立系列控股公司进行融资，其中，第一阶段的现金对价 189 亿美元来自 KKR 设立合伙企业并投入 RJR 控股公司的 15 亿美元资本金、发行的 5 亿美元债券、德崇和美林的 50 亿美元过桥贷款以及银行借款 119 亿美元（图 10.2）。第二阶段则是通过设立的 RJR 控股型公司发行优先股和可转债融资。

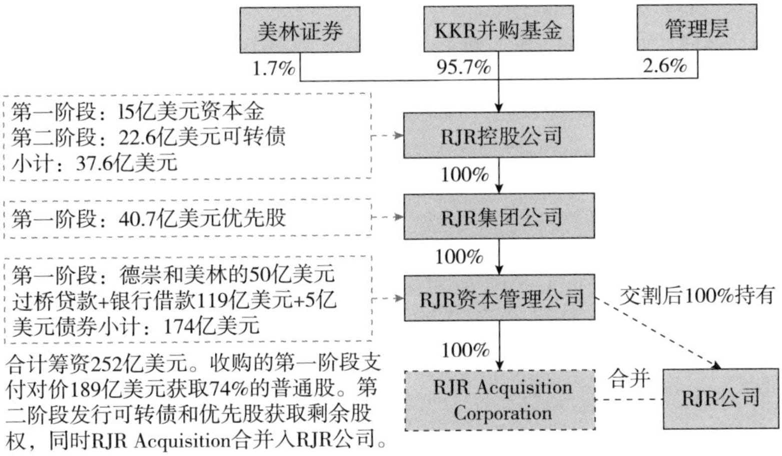

图 10.2　KKR 收购 RJR 公司交易架构图

【后续表现】收购完成后，KKR 出售了价值 62 亿美元的公司资产，并裁员 46 000 多人，以实现降本增效。但随后烟草行业出现价格战导致 RJR 公司业绩不及预期。由于 RJR 公司发行了大量高收益债券，需要大量现金流用于偿还债务，因此在竞争中趋于保守，市场份额被万宝路等对手挤压。收购完成两年半后，KKR 就开始出售其所持的 RJR 公司股份。到 1995 年 3 月，KKR 出售了全部 RJR 公司的股份。据估算，投资收益并不高，KKR 自身获利主要来自收取的咨询费和基金管理费，金额高达 5 亿美元。

（二）1997 年 KKR 收购安费诺（收购对价约 13 亿美元，基金出资 3.41 亿）

本案例采用反向三角合并模式完成交易，KKR 通过设立壳公司收购安费诺，之后壳公司与安费诺公司合并，再发行新债券回购股份以及偿还原债权人的借款。交易完成后削减开支，将节省下来的现金流用于偿还负债。在此过程中，安费诺保持了上市地位。负债水平逐步降低后，股票价格上涨。KKR 逐步出售股份，从 1997 年收购到 2004 年完全退出，投资周期大约 7 年，获利丰厚。

【并购标的简介】安费诺公司（Amphenol，纽交所：APH）是著名的接插件制造商，产品主要用于通信、有线电视、商业和军事航空电子。1987 年，安费诺从美国联合信号公司（Allied Signal）分拆出来，劳伦斯·德乔治（Lawrence J.DeGeorge）以 4.39 亿美元购买，并在 1991 年将其于纽约证券交易所上市。德乔治家族拥有安费诺约 30% 的有投票权股份，是第一大股东。

【收购过程】1996 年，劳伦斯·德乔治已 80 岁高龄，打算退休并将安费诺公司出售，德乔治在多个买家中选择了 KKR。1997 年 5 月，KKR 提出的收购议案获得通过，交易总价约 13.5 亿美元，包括收购普通股的对价 10.48 亿美元、需承担的安费诺公司债务 2 亿多美元，以及交易费用数千万美元。

KKR 专门为收购成立了壳公司"NXS 收购公司"。1997 年 5 月 19 日，"NXS 收购公司"与安费诺公司完成合并。安费诺公司保留法人实体，成为"新安费诺"。KKR 并购基金通过这种方式，向新安费诺投入 3.41 亿美元的资本，获取约 1310 万股股份（价格 26 美元 / 股）。新安费诺利用 KKR 投入的资本金以及其发行的次级债券及银行借款，从安费诺公司股东手中以每股 26 美元回购了 4030 万股股份（合计 10.48 亿美元），占原安费诺已发行流通股 4472 万股的约 90%，并偿还了原安费诺公司的债务。交易完成以后，新安费诺公司的股本相比原安费诺大幅减少，KKR 持有新安费诺 1310 万股股份，占比 75%，公司依然保留了上市地位（图 10.3）。

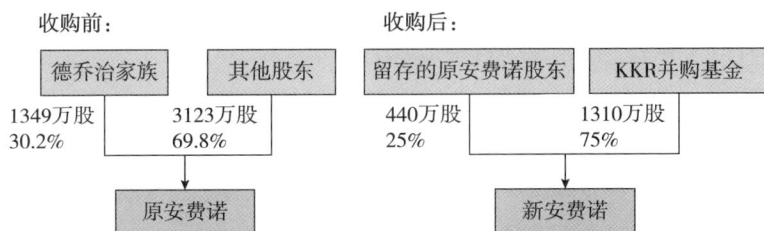

图 10.3 KKR 收购安费诺前后公司架构图

【资金来源】新安费诺发行了 10 年期 2.4 亿美元次级债券，并借入 7.5 亿美元有抵押银团贷款（图 10.4）。

在杠杆收购过程中，由于被收购公司债务急剧增加，原债权人的利益受到侵害。为避免原债权人的反对，新安费诺公司还需偿还全部的 1 亿美元 10.45% 优先票据和 9500 万美元 12.75% 次级债。

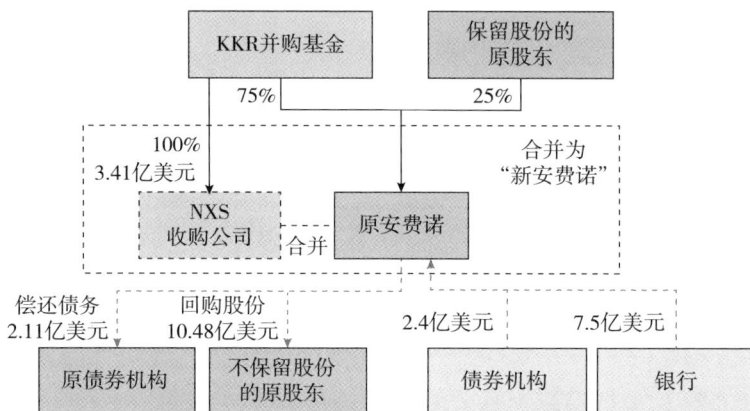

图 10.4　KKR 收购安费诺交易构架

【后续表现】在收购完成后的前 3 年，安费诺公司的销售收入有所增长，但由于高杠杆导致利息费用提高，净利润降低了。但随着负债的偿还，第四年开始公司净利润率提高，股票价格也随之上涨。KKR 逐步出售股份，而公司管理层则通过股票期权计划增持股份。KKR 在 2004 年实现完全退出，投资收获颇丰。

（三）2004 年凯马特收购西尔斯（收购对价 119 亿美元，自有资金支付 54 亿美元现金对价，其余通过换股）

凯马特和西尔斯是美国著名的零售连锁企业。2004 年，ESL 公司对冲基金经理爱德华·兰伯特（Edward S. Lampert）通过债转股方式，收购了濒临破产的凯马特。2005 年，兰伯特又主导凯马特以 119 亿美元收购了西尔斯，两者合并成立了西尔斯控股公司。该案例是金融整合实体产业的知名案例，合并后的西尔斯控股公司是美国第三大零售商，操盘手兰伯特也是业绩出色的基金经理。但是公司在兰伯特的领导下，经营却不断恶化，并最终在 2018 年申请破产。

【并购标的简介】西尔斯（Sears，Roebuck and Co.）公司是一家成立于 1886 年的美国百年老店。由于西尔斯发明的百货商店受到消费者欢迎，西尔斯在成立后将近一个世纪的时间里，都是美国排名第一的零售商。凯马特（Kmart Holding Corporation）也是一家历史悠久的零售商，前身是 1897 年开业的便利店。1962 年，凯马特转型折扣店，并迅速成为美国排名第一的折扣零售商。

之后由于沃尔玛等企业的冲击，两家公司均出现业绩下滑。2002 年，凯马特申请破产保护，兰伯特领导的 ESL 公司在破产程序中成为重要股东。

2004 年，凯马特收入近 200 亿美元，西尔斯收入约 360 亿美元。合并前，兰伯特的 ESL 公司持有凯马特约 53% 的已发行普通股及少数认股权证，以及西尔斯 14% 的已发行普通股。

【收购过程】2004 年 2 月，凯马特和西尔斯开始接触。直到 2004 年 11 月，兰伯特和西尔斯的董事长 Lacy 会晤，双方达成一致并签署协议。

凯马特在特拉华州法律设立一个新公司"西尔斯控股"，下设 Kmart Acquisition Corp. 和 Sears Acquisition Corp. 两家合并子公司。之后，Sears Acquisition Corp. 与西尔斯合并、Kmart Acquisition

Corp. 与凯马特合并。

凯马特的原股东按 1∶1 的比例将凯马特股票换为西尔斯控股的股票，为此西尔斯控股增发了 9490 万股普通股。西尔斯原股东每持有一股西尔斯股票将收到 50 美元现金或 0.5 股西尔斯控股普通股，按一定比例分配。最终 55% 的西尔斯股票转为西尔斯控股股票，剩余 45% 支付现金收购。为此，西尔斯控股增发了约 6220 万股普通股，并支付约 54 亿美元的对价。将新发行的股份按照并购前的股价估值，再加上现金对价 54 亿美元，收购的总对价约为 119 亿美元。

2005 年 3 月 24 日合并完成，西尔斯和凯马特均作为西尔斯控股的全资子公司存续，ESL 公司持有合并后的西尔斯控股约 41% 的股份（图 10.5）。

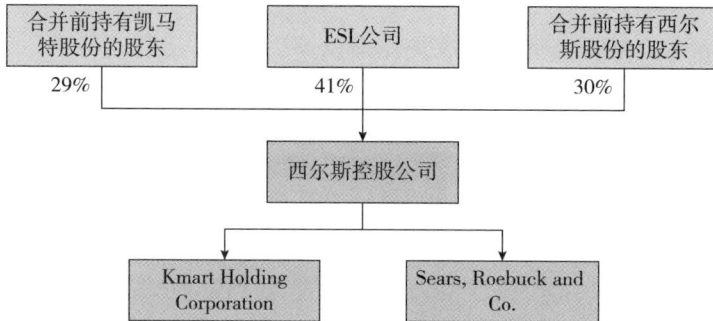

图 10.5　凯马特收购西尔斯后的公司架构

【资金来源】合并前的凯马特和西尔斯，在手现金约为 74 亿美元。由于支付了 54 亿美元的现金对价，合并后的西尔斯控股现金减少到 16 亿美元（图 10.6）。西尔斯控股在合并完成前签署了一份为期五年的 40 亿美元循环信贷协议，同时西尔斯控股宣布在可预见的将来不会为股东支付股利，以缓解现金压力。

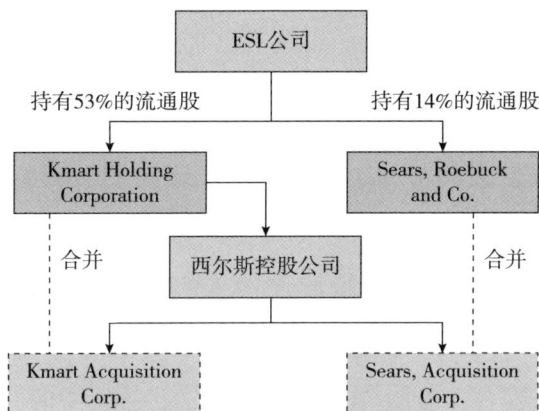

图 10.6　凯马特收购西尔斯交易架构

【后续表现】合并后的西尔斯控股一度成为全美排名第三的零售企业，在美国和加拿大拥有超过 4000 家不同业态的门店。兰伯特在西尔斯内部推动包括电商化在内的多次改革，收效甚微。西尔斯控股连年亏损，负债率越来越高。兰伯特选择变卖优质门店资产和品牌来偿还债务。西尔斯经营规模不断收缩。2018 年 10 月，西尔斯控股正式申请破产保护。

（四）2006 年太盟投资集团收购好孩子集团（收购对价 1.225 亿美元，基金出资 1200 万美元）

太盟投资集团（PAG）是在中国香港注册、总部在东京、专门从事控股型收购活动的海外私募股权投资（PE）基金。这是一起境外资本对内地企业的并购，是中国内地第一例真正意义上的杠杆收购。

【并购标的简介】好孩子集团是江苏昆山的企业。PAG 选择收购好孩子集团的原因是其资产负债率低，市场占有率高，流动资金充足稳定，企业的实际价值超过账面价值，且具有高素质的管理团队，管理效率具有进一步提升的空间。PAG 以 1200 万美元的自有资金撬动了市值 1.225 亿美元 100% 的股权收购。

【收购过程】在 PAG 收购前，好孩子集团已经搭建了离岸架构，由 2000 年 7 月注册于开曼群岛的吉奥比国际公司（Geoby International）全资拥有，持股比例为：第一上海投资有限公司 49.5%；美国国际集团中国零售基金 AIG 13.2%；软银中国 7.9%；PUD 公司（好孩子集团管理层在海外注册的控股公司）29.4%（图 10.7）。

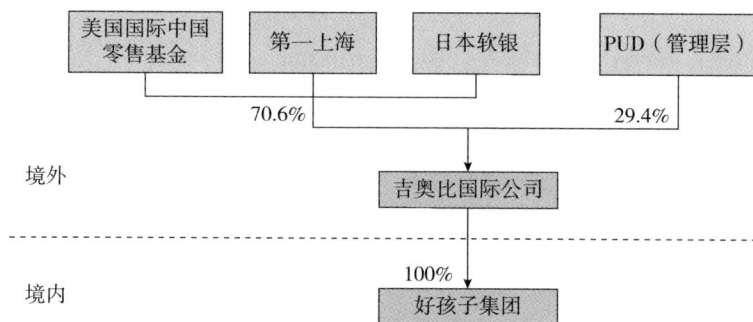

图 10.7　收购前好孩子集团架构

第一步：PAG 在英属维尔京群岛（BVI）注册一家离岸特殊目的公司 G–Baby；以好孩子集团资产做抵押，向台湾富邦银行贷款得到并购额 50% 的资金支持；向 PUD 股东发行并购额 40% 的债券；

第二步：G–Baby 以 4.49 美元 / 股的价格、1.225 亿美元对价收购原股东第一上海、AIG、软银持有的吉奥比股份，合计 67.4%，估值相对于 2004 年 PE 14.4×；

同时，第一上海、软银等以 2.66 美元 / 股的价格向好孩子集团管理层（PUD 公司）售出 82.78 万股（占比 3.2%），好孩子集团管理层的持股比例增至 32.6%。

第三步：G-Baby 以换股与支付现金方式收购 PUD 持有的吉奥比股份，形成 PAG 与 PUD（管理层）两家股东共同持有 G-Baby 股份的局面（图 10.8）。

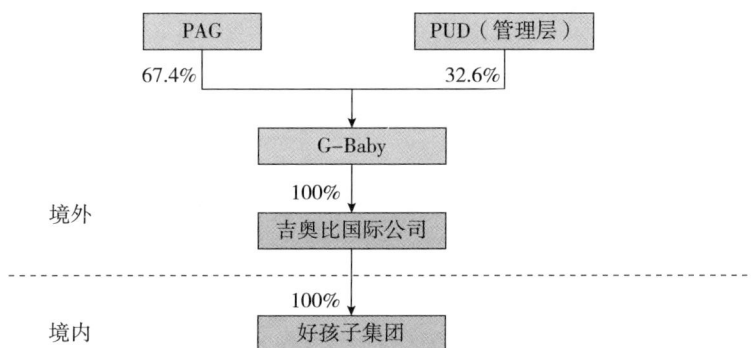

图 10.8　收购后的好孩子集团架构

【资金来源】PAG 公司以 10% 自有资金，通过杠杆完成对好孩子集团的股权收购。具体来说，PAG 以 10% 的自有资金投入 G-Baby，然后以好孩子集团的资产为抵押，向台北富邦商业银行借入相当于收购价 50% 的过渡性贷款，之后 G-Baby 再以好孩子集团的资产为担保，向 PAG 的股东发行了一笔约为并购金额 40% 的夹层债券（图 10.9）。

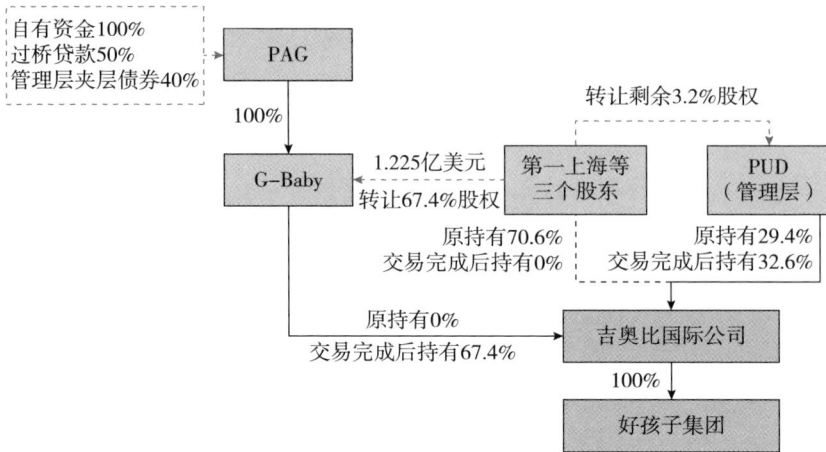

图 10.9　PAG 收购好孩子集团交易架构

【后续表现】交易完成后，好孩子集团的股东由原来的第一上海、日本软银、美国国际集团中国零售基金、宋郑还等管理层共 4 个减少为 PAG 和宋郑还等管理层 2 个，管理层持股比例由 29% 增加到 32%。董事会从 9 人缩为 5 人，董事长还是创始人宋郑还。

各方参与方收益分析：PAG 以 1200 万美元购买获得了市值 1.225 亿美元的好孩子集团，高杠杆比例，高收益；好孩子集团管理层组成的集团 PUD 在 PAG 的股份上升 2.6 个百分点，同时获得现金补偿；第一上海现金入账 4.49 亿港元，整个项目收益 8170 万港元；软银中国与美国国际卖出的价格是收购时的 2 倍。

（五）2007 年 KKR 等收购 TXU（收购对价 450 亿美元，基金出资 83 亿美元）

本案例采用反向三角合并模式完成交易，是规模最大的 PE 杠杆收购案例之一，巴菲特亦参与其中。但最终由于金融危机和页岩气革命，导致并购标的业绩下滑，成为当时美国史上前十大破产案之一，给投资方带来巨大损失。

【并购标的简介】TXU（Texas Utility Company，得克萨斯公用事业公司）被私有化收购前为上市公司，于 1945 年由三个发电厂合并而成，1996 年成为得州最大的电力供应商，在发电端供应了得州 41% 的电量，零售端服务区域内 40% 的用户。2004 年，TXU 的 CEO John Wilder 预期电力价格将进入长期上涨通道，于是放弃签署锁价的长期购电协议，并不断扩大产能。2005 年起，电价如期上涨，又赶上飓风，推动以煤电和核电为主的 TXU 业绩大爆发。公司市值上涨至 300 亿美元。

【收购过程】KKR 和 TPG 2006 年初开始接触 TXU，2007 年1 月提出每股 66 美元初步报价，TXU 随即成立交易委员会，最终以每股 69.25 美元的价格成交。TXU 对除收购方拥有的及对本次合并投反对票的股票外，其余已发行股票实施现金回购并注销，同年10 月完成私有化，并更名 EFH（Energy Future Holdings）。交易整体对价 450 亿美元。

作为典型的 PE 杠杆收购上市公司，采用反向三角合并的方式，即 KKR 等投资人首先成立并购基金，并下设 Merger Sub 公司，Merger Sub 公司与被收购的目标公司 TXU 进行反向三角合并。

合并后，目标公司 TXU 继续存续、Merger Sub 注销、Parent 公司将全资持有目标公司。再以目标公司 TXU 为借款方进行贷款，以其资产进行抵押担保。之后 TXU 实施回购，除 Parent 公司拥有的及对本次合并投反对票的股票外，其余每一普通股有权收到 69.25 美元的现金对价并被注销，Parent 公司所持有的 Merger Sub 的每一普通股股票将转化为 TXU 的一股普通股股票。

【资金来源】本项目投资人通过设立并购基金的方式注入 83 亿美元作为股权投资款项，其余融资款项均为目标公司及其子公司的贷款融资，包括：（1）TCEH 取得优先级担保贷款（Senior Secured Facility），TCEH 及其子公司以各自资产和股权作为担保，TCEH 及其子公司同时提供保证；（2）TCEH 取得优先级无担保过桥贷款（Senior Unsecured Bridge Facility）；（3）TXU 取得优先级无担保过桥贷款（Senior Unsecured Bridge Facility）；（4）Oncor 取得循环信用贷款（Revolving Credit Facility），以 Oncor 资产作为担保（图 10.10）。

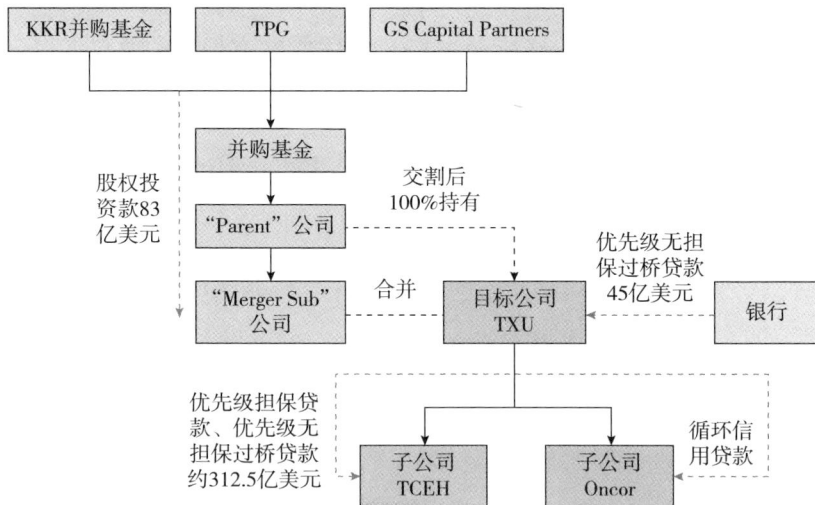

图 10.10　KKR 等收购 TXU 交易架构

【后续表现】私有化完成后，EFH（原 TXU）母公司仅保留售电业务，发电和输电业务分拆给两个控股子公司。在偿还过桥贷款时，为解决资金缺口，EFH 发行了 39 亿美元的垃圾债，其中一半由巴菲特购买。

金融危机爆发和页岩气技术革命导致天然气价格在 2008 年 7 月急转直下，跌了 60%，同期得州的批发电价同比大幅下滑。尽管收购方对短期价格波动做了一定对冲保护，但无法覆盖天然气价格长期大幅下跌带来的趋势性影响。EFH 收入自 2008 年起持续下滑，到 2014 年时已从 113 亿美元下滑至 60 亿美元，累计产生 204 亿美元利息费用和 262 亿美元亏损，账上仍有息债务超过 400 亿美元，EFH 已无力支付到期利息。

EFH 最终于 2014 年 4 月提交了破产保护申请，进入重组程序，成为当时美国史上前十大破产案之一。收购方的 83 亿股权出资血本无归，重组后债券投资者的 370 亿美元投资累计仅回收了 150 亿美元，"股神"巴菲特虽然在 EFH 破产前出售了所持有的 EFH 垃圾债头寸，但也损失了近一半的本金。

（六）2024 年新思科技收购 Ansys（收购对价 350 亿美元，自有资金 30 亿美元，仍在进行中）

2024 年 1 月，芯片电子设计自动化（EDA）巨头新思科技（Synopsys）和工业仿真与分析软件大厂 Ansys，官宣双方已达成收购规模约 350 亿美元的最终收购协议。根据达成的收购协议，收购将以现金加股票的方式进行，完成后 Ansys 股东将持有合并后公司约 16.5% 的股份。该交易如果能够顺利实施，预计在 2025 年上半年完成，将成为近期半导体行业达成的最大交易之一。

【并购标的简介】Ansys 公司目前是全球最大的工业仿真软件公司，其产品是融结构、流体、电场、磁场、声场分析于一体的大型通用有限元分析软件。在核工业、铁道、石油化工、航空航天、机械制造、能源、汽车交通、国防军工、电子、土木工程、造船、生物医学、轻工、地矿、水利、日用家电等领域有着广泛的应用。该公司 2022 年的收入约为 21 亿美元。

【收购过程及融资方式】该交易预计 2025 年完成。如果对 Ansys 的收购能够完成，那么将会是新思科技自成立以来进行的第 16 次收购。新思科技计划动用 30 亿美元的现金和 160 亿美元的债务融资，剩余的 160 亿美元将通过每股 Ansys 股票交换 0.345 股新思科技股票的方式获得（图 10.11、图 10.12 ）。

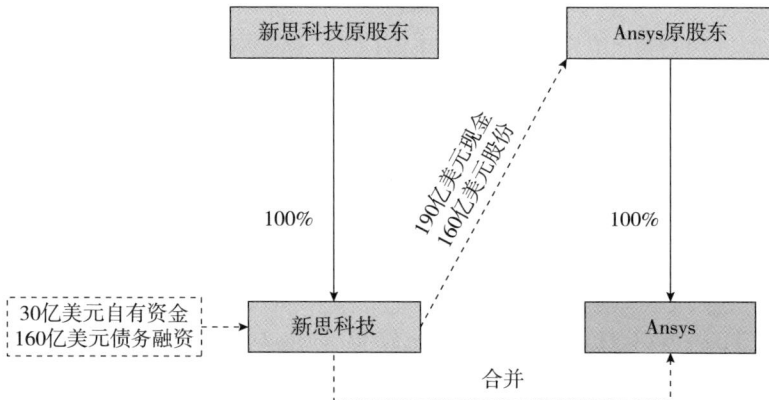

图 10.11　收购前 Ansys 架构

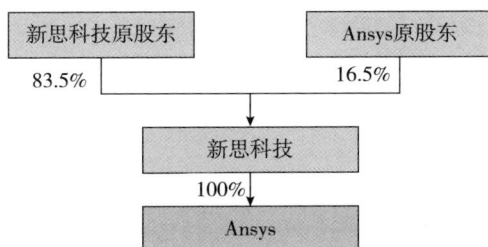

图 10.12　收购后 Ansys 架构

【后续表现】目前该笔交易还需获得 Ansys 股东批准、获得必要的监管部门批准以及其他惯例成交条件。考虑到交易规模，可能引发反垄断审查。目前披露的方案附带分手费条款：新思科技收购 Ansys 的交易，若在特定情况下被取消（反垄断障碍等），新思科技需要向 Ansys 支付 15 亿美元；但如果是 Ansys 方面决定终止交易，Ansys 需要向新思科技支付 9.5 亿美元。

二、境内企业和资本方杠杆收购案例

（一）1993 年深宝安收购延中实业（交易细节未完全披露，对价估测约 1.2 亿元）

深圳宝安集团（下称"深宝安"）收购上海延中实业股份有限公司（下称"延中实业"）是新中国首起上市公司收购兼并案。彼时，为壮大市场，上交所向国内法人机构开放 A 股二级交易，深宝安动用逾 6000 万资金，利用多个子公司账户在二级市场大量购入延中实业股票，成为其第一大股东，并接管董事会。该案例促进了国内证券市场制度体系的完善与健全。

【并购标的简介】延中实业是 A 股市场最早的八只股票之一，也是第一家面向社会公开发行股票、筹集资本金的企业。其核心业务为复印厂，与深宝安在业务方向上有一定重合。收购前，延中实业的股权结构分散，无国家股、外资股、极少法人股，可于二级市场流通的社会公众股份仅 3000 万股、占总股份的 91%。

【收购过程】1993 年 9 月 4 日，上交所向国内法人机构开放 A 股交易，9 月 14 日起，深宝安旗下宝安上海、宝安华阳保健品公司和深圳龙岗宝灵电子灯饰公司于二级市场多次买入延中实业股票，至 9 月 30 日，深宝安持股 17% 成为延中实业第一大股东。期间，延中实业开展了艰难的反收购，并对深宝安举牌时未公告持股超过 5% 具体数字、违规信贷拆借等收购合法性质疑。在此过程中，由于当时 T+0 交易方式、未设涨跌停限制等原因，延中实业股价被不断抬升、屡创新高。

同年 10 月 22 日，成立刚满一年的证监会宣布宝安购入的股权有效，但过程存在违规行为，在 11 月 4 日之前不得再买入延中股票，同时给予警告处分，罚款 100 万元。证监会的处理给这起举牌收购事件画上了句号。宝安最终持有 19.8% 的延中股份，两名代表进驻延中董事会。

【资金来源】由于无公开披露信息，仅对深宝安资金来源做主观推测。深宝安于 1992 年底发行了规模 5 亿元的可转债，并于 1993 年 2 月上市；深宝安于 1992 年 11 月发行 2640 万张认股权证，并于 1993 年 9 月开始认购，可认购 3432 万股宝安普通股，每张权证可以 20 元认购 1.3 股宝安普通股，即权证的实际认股价格为

15.38 元 / 股，若全部获得认购，可筹集资金 5.28 亿（图 10.13）。

估算深宝安增持花费金额：增持期间（1993 年 9 月 14 日—1993 年 11 月 4 日）成交均价 × 股权占比 × 流通股数 =20.22 × 19.8% × 3000 万 ≈1.2 亿元。

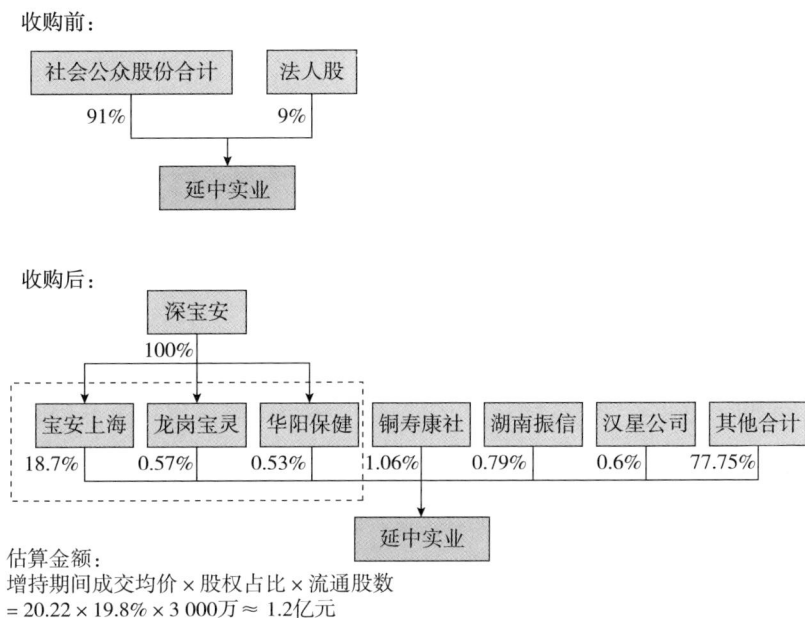

收购前：

```
┌──────────────────┐      ┌─────────┐
│  社会公众股份合计  │      │  法人股  │
└──────────────────┘      └─────────┘
        91%                    9%
         └──────────┬───────────┘
              ┌───────────┐
              │  延中实业  │
              └───────────┘
```

收购后：

```
              ┌─────────┐
              │  深宝安  │
              └─────────┘
                 100%
```

宝安上海	龙岗宝灵	华阳保健	铜寿康社	湖南振信	汉星公司	其他合计
18.7%	0.57%	0.53%	1.06%	0.79%	0.6%	77.75%

```
              ┌───────────┐
              │  延中实业  │
              └───────────┘
```

估算金额：
增持期间成交均价 × 股权占比 × 流通股数
= 20.22 × 19.8% × 3 000 万 ≈ 1.2 亿元

图 10.13　收购前后延中实业架构

【后续表现】"宝延大战"算是中国现代企业开展资本运作的伊始，并购延中实业后，宝安系实际并没有参与公司经营中。深宝安靠着这场大战赚了数亿元人民币。除了资本层面的运作，延中股份经营质量改观，营收、利润大幅提升，税后利润从 1992 年的 309 万元提升至 1994 年的超过 2700 万元。此后，延中实业经历了几度兴衰，现已更名方正科技，业绩则徘徊在微盈边缘。

（二）2010 年吉利收购沃尔沃汽车（收购对价 15 亿美元，自有资金约合 6 亿美元）

吉利收购沃尔沃汽车是中国企业在跨国收购中堪称里程碑式的事件。汽车产业链对地方经济和就业的拉动对政府很有吸引力，吉利正是以此为杠杆，通过沃尔沃中国工厂选址撬动地方政府资本加入，极大地降低了融资成本及风险。

【并购标的简介】沃尔沃是瑞典著名豪华汽车品牌，于 1927 年在瑞典哥德堡创建。1999 年，沃尔沃集团将旗下的沃尔沃轿车业务出售给美国福特汽车公司。沃尔沃汽车 2005—2009 年的营业利润连年亏损，销量也呈现下降的趋势。

【收购过程】2009 年 12 月 23 日，福特汽车和吉利控股集团同时宣布，双方已就福特向吉利出售旗下沃尔沃汽车公司事宜达成初步协议。2010 年 3 月 28 日，双方签署协议，吉利集团以 18 亿美元正式收购沃尔沃汽车 100% 股权。之后吉利集团与合作方设立特殊目的公司开展并购（图 10.14）。

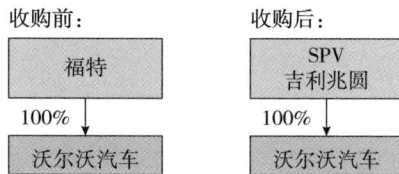

图 10.14　收购前后沃尔沃汽车架构

【资金来源】为了收购沃尔沃汽车，吉利提前做了融资安排。吉利与高盛集团的联营公司在 2009 年 9 月 22 日签订协议，高盛认购吉利汽车的可转换债券和认股权证，金额合计为 3.3 亿美元，这笔资金为吉利提供了用于收购的资金储备。

在对沃尔沃汽车的收购过程中，吉利一共支付了 15 亿美元款项（协议交易对价 18 亿美元，后因欧元贬值等因素调整为 15 亿美元）。其中 13 亿美元为现金支付，分别来自吉利、大庆国资委和上海国资委共同投资的 11 亿美元，以及中国建设银行伦敦分行提供的低息贷款 2 亿美元；另外的 2 亿美元为福特方提供的卖方票据（由于福特急于出售沃尔沃，因此以低息信贷方式支持吉利的并购）（表 10.1）。

表 10.1 吉利收购沃尔沃汽车的融资安排

融资项目			内容
并购支付融资（15 亿美元）	内源融资		吉利自有资金 41 亿元人民币（约 5.56 亿美元）
	外源融资	债权融资	中国建设银行伦敦分行 2 亿美元低息贷款
		股权融资	大庆国资委 30 亿元人民币（约 4.07 亿美元）
			上海市国资委 10 亿元人民币（约 1.36 亿美元）
		特殊融资	福特卖方融资 2 亿美元
后续运营融资（105 亿元人民币）			中国银行浙江分行与伦敦分行牵头的财团、成都银行、中国国家开发银行（成都）、欧洲投资银行、瑞典银行提供约 105 亿元人民币贷款（约 14.26 亿美元）

为了顺利收购沃尔沃，吉利与出资方共同增资设立了收购沃尔沃的特殊目的公司：上海吉利兆圆国际投资有限公司。吉利、大庆国资、上海嘉尔沃出资额分别为人民币 41 亿元、30 亿元、10 亿元，股权比例分别为 57.75%、42.25% 和 12.35%（图 10.15）。在并购交易的后续融资中，吉利还获得了由成都银行和国开行成都支行20 亿元人民币和 10 亿元人民币的低息贷款。作为交换条件，国产沃尔沃需要在成都、大庆和上海嘉定分别建立工厂。

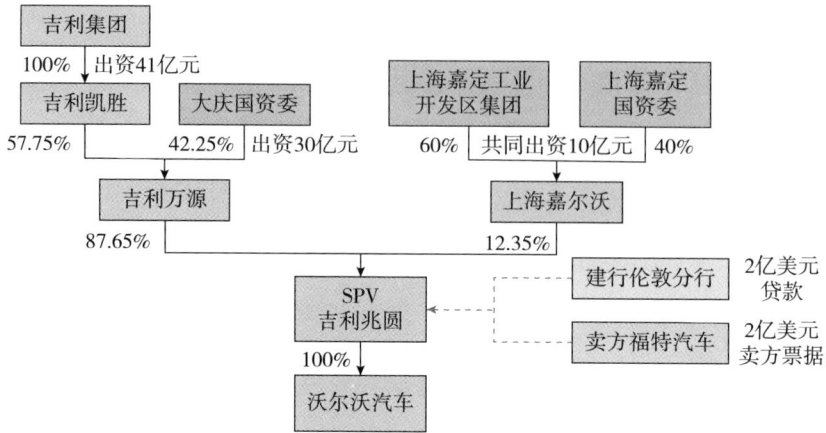

图 10.15　吉利收购沃尔沃汽车交易架构

【后续表现】并购沃尔沃后，原 CEO 奥尔森继续留任，沃尔沃销量逐步回升，息税前利润也开始扭亏为盈。目前公司发展状况良好，2023 年沃尔沃汽车全球销量为 70.78 万辆，同比增长 15%，为吉利控股收购沃尔沃汽车以来创造的历史销量新高。

（三）2015 年宝能收购万科（收购对价 400 多亿元，自有资金约 62 亿）

"宝万之争"是利用险资做杠杆收购的知名案例。为稳定股市，保监会于 2015 年 7 月 8 日出台新政，保监发〔2015〕64 号文允许保险公司投资单一蓝筹股票的余额占上季度末总资产的监管比例上限由 5% 调整为 10%，之后就出现了"宝万之争"。收购过程中的资金安排利用了监管制度的漏洞。银监会既禁止银行理财投资境内二级市场公开交易的股票相关的证券投资基金，也不允许投资未上市企业股权，而证监会则无该类限制。在本案中，银行理财资金通过多层嵌套，最终被钜盛华以券商资管、基金专户等方式用于前海人寿股权收购及增资，以及增持万科股票。

事件发生以后，随着证监会〔2016〕13 号文、资管新规等新政的推出，监管制度逐渐得到完善。

【并购标的简介】万科 1991 年在 A 股上市，2015 年，万科营业总收入约 1955 亿元，净利润 259 亿元。2015 年 6 月 30 日，在宝能首次大额举牌前，万科 A 的股权持有情况较为分散，无控股股东及实际控制人，仅华润股份有限公司和 HKSCC Nominees Limited 持股比例达到 10% 以上。

【收购过程】2015 年，前海人寿（宝能系）及其一致行动人深圳市钜盛华股份有限公司（以下简称钜盛华，两家公司实控人均为姚振华）在二级市场买入万科 A。2015 年 7 月两次举牌。7 月 24 日，前海人寿及其一致行动人钜盛华持有万科股份 11.05 亿股，占万科总股本的 10%。

2015 年 8 月 26 日，前海人寿、钜盛华通知，截至当天，宝能系合计持有万科 15.04%，超越了原第一大股东华润集团。9 月 4 日，华润披露耗资 4.97 亿元两次增持，以夺回大股东之位。截至 11 月 20 日，华润共持有万科 A15.29% 股份。2015 年 11 月底至 12 月初，钜盛华买入万科 5.49 亿股，总持股占比 20.008%，再次成为万科第一大股东。截至 2016 年 7 月 7 日，钜盛华及其一致行动人前海人寿，合计持有万科股份 27.60 亿股，占万科总股本的 25%。

【资金来源】根据新华社 2016 年 7 月文章《起底宝能系资金链》，监管部门聘请专业机构做了核查报告，截至 2015 年 12 月万科停牌前，宝能投入自有资金 62 亿元，总耗资约 430 亿元，购入占比 24.27% 的万科股票，账面浮盈超 230 亿元。

前海人寿买入万科股票的方式比较单一，都是通过集中竞价的方式在进行。而钜盛华则是通过深交所集中竞价交易、大宗交易、融资融券、收益互换、资管计划等多种方式结合且分阶段进行交易（表 10.2）。

表 10.2　2015 年 6 月—2016 年 7 月 7 日宝能系持仓比例具体情况

主体	资金性质	时间	金额 / 亿元	持股比例
前海人寿	保险资金、自有资金	2015 年 6—8 月	97.25—112.96	6.66%
钜盛华	融资融券、收益互换	2015 年 7—8 月	未披露，按均价估算约 133	8.39%
	资管计划优先 / 劣后级资金	2015 年 11 月 24 日—2015 年 12 月 4 日 2015 年 12 月 9 日—2016 年 7 月 6 日	将近 200	9.94%
合计投入资金 400 多亿元，联合持股合计：25.00%				

资料来源：深交所、金融监管研究院。

2015 年 6—8 月，根据金融监管研究院估算，这个阶段前海人寿合计投资金额在 97.25 亿—112.96 亿元，收购股份占万科总股本的 6.6%，动用的资金为万能险和传统险的保费资金。其中，前海人寿旗下"聚富产品"和"海利年年"合计持有万科股票 5.14%，其余 1.52% 为前海人寿自有资金出资持有。

2015 年 7—8 月，钜盛华通过收益互换方式买入万科股票，钜盛华分别与华泰证券、银河证券、中信证券、国信证券签订了关于开展收益互换业务的相关协议，四家证券公司合计买入 8.89 亿股万科股票，此外钜盛华通过融资融券控制万科股票 0.37 亿股，合计 9.26 亿股，占比 8.39%。如果按照 2015 年 7、8 两个月的成交均价 14.43 元 / 股估算，总计动用资金约 133.62 亿元。

钜盛华在 2015 年 11 月下旬—2016 年 7 月，以合计将近 200 亿的投资金额通过资管计划（基金专户和券商资管）买入万科股票。资金来源于钜盛华的重要股东之一浙商宝能产业投资，2015 年 11 月由宝能集团（出资 67 亿元，有限合伙人，认购劣后级）、华福证券（出资 132.9 亿元，有限合伙人，认购优先级）、深圳市浙商宝能资本管理有限公司（出资 1000 万元，普通合伙人，认购劣后级）共同出资设立，宝能集团自有资金按 1∶2 杠杆比例撬动 200 亿资金投入钜盛华（图 10.16）。

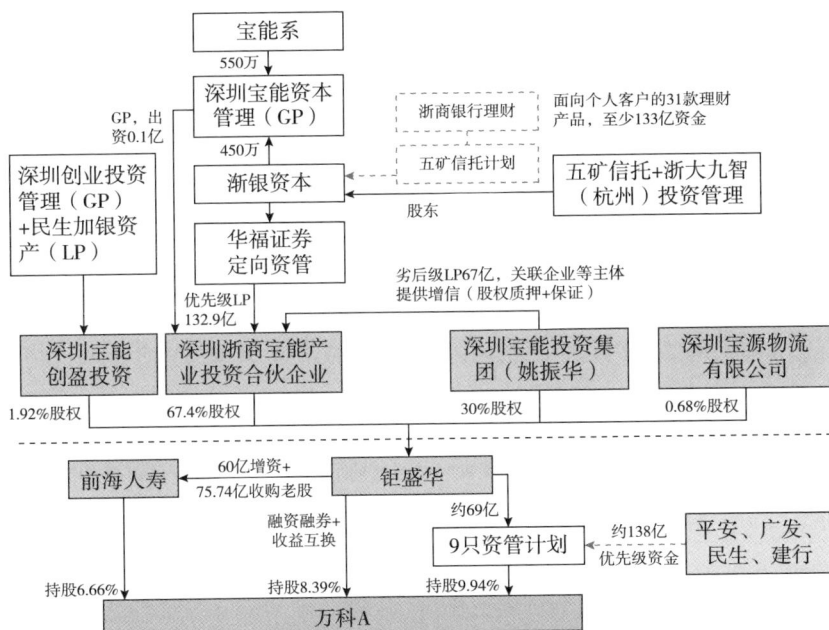

图 10.16　宝能收购万科交易架构

【后续表现】2017年6月，中国恒大发布公告称，将持有的15.53亿股万科股份，以292亿元转让予深圳地铁。转让后，恒大此前所持14.07%万科股份全部出清，深铁持股比例变为29.38%，超过宝能成为万科第一大股东。

该案例出现以后，相关监管制度已得到修订和完善。2016年7月，证监会公告〔2016〕13号文禁止结构化资管产品直接或间接为优先级份额认购者提供保本保收益安排，同时禁止结构化资管产品向下嵌套投资其他结构化金融产品的劣后级份额。2017年，银监会也开始禁止多层嵌套，2018年资管新规更是在总框架下进一步明确结构化资管产品和嵌套的相关规则。

（四）2015年通富微电收购AMD苏州和AMD槟城（收购对价3.7亿美元，自有资金约25%）

通富微电通过本次交易获得了AMD的先进封测技术及更为精细的管理能力。在并购过程中，通富微电利用国家集成电路产业基金作为杠杆。2018年与大基金完成换股，大基金成为通富微电战略股东。

【并购标的简介】AMD是世界领先的半导体芯片提供商，拥有世界先进的倒装芯片封测技术，主要产品应用于电脑、服务器、高端游戏主机、云计算中心等高端领域。AMD苏州于2004年3月成立，是AMD公司在中国最主要的封装测试厂家。AMD槟城于1978年8月成立，主要从事台式机、笔记本、服务器的CPU业务，显卡产品以及游戏机产品的半导体封装和测试业务，客户群体遍布中国、日本、美国、新加坡和欧洲等国家和地区（图 10.17）。

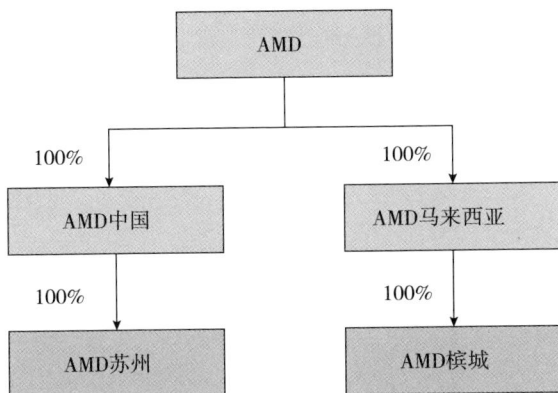

图 10.17 收购前 AMD 苏州和 AMD 槟城架构

【收购过程】本次交易分两阶段完成，第一阶段上市公司联合投资人通过两层架构迅速拿下境外标的；第二阶段上市公司与联合投资人换股。

第一阶段交易：通富微电与大基金共同投资了富润达、通润达作为收购 AMD 苏州和 AMD 槟城各 85% 股权的持股平台，整体作价 4.36 亿美元，85% 股权对应 3.71 亿美元，最后折合人民币 24.60 亿元。对应并购当年 2016 年的 PE 倍数为 26 倍，对应并购完成次年 2017 年的 PE 倍数为 22 倍。

第二阶段交易：通富微电以非公开发行 A 股股票的方式向大基金购买其所持有的富润达 49.48% 股权、通润达 47.63% 股权，交易总金额为 192 120.00 万元（图 10.18）。

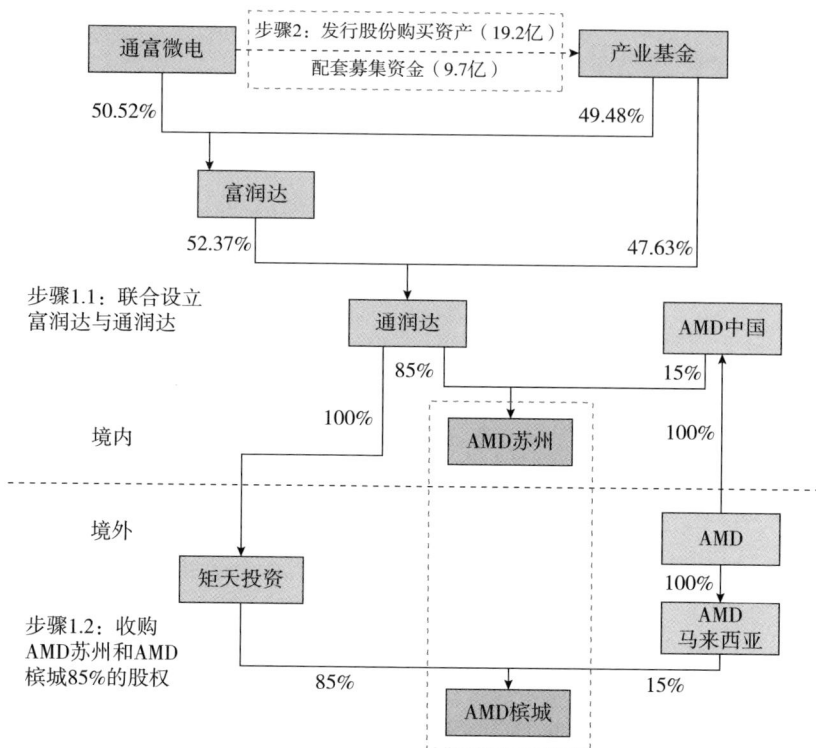

图 10.18　通富微电收购 AMD 苏州和 AMD 槟城交易架构

【资金来源】上市公司第一阶段实施控制时，通过两层架构引入大基金放大资金杠杆，上市公司实际使用资金约为交易金额的 25%。

【后续表现】并购完成以后，AMD 仍持有 15% 股权。通富微电未介入标的资产运营管理，均为原 AMD 团队负责，也无须输送订单，保持了独立运营。通富微电并购后的市值和业绩保持双增长，尤其是业绩方面 AMD 资产贡献突出，2018—2020 年上市公司净利润全部来源于标的资产。

（五）2017 年郑煤机收购博世（收购对价 5.45 亿欧元，* 自有资金约 50%）

郑煤机是煤矿机械龙头企业，在遭遇行业周期不景气的情况下，选取了汽车零部件行业作为转型切入点。最终通过对博世 SG 公司的收购，实现了其"煤机＋汽车零部件"双主业转型升级，高起点进入市场前景广阔的汽车零部件行业，增强了其赢利能力和抗风险能力。在并购同时，郑煤机引入新的外资股东和员工持股计划，推进了其混合所有制改革。

【并购标的简介】博世公司是全球最大的汽车零部件供应商，总部位于德国斯图加特。博世集团因战略调整，将发电机及启动机事业部剥离，成立一个新公司（即并购标的 SG 公司）对外转让。SG 的主营业务是汽车发电机及启动机的研发、生产和销售，生产基地覆盖了德国、墨西哥、中国、印度、巴西、西班牙、匈牙利等多个国家。

【收购过程】2017 年 5 月 2 日，上市公司、SMG 卢森堡公司、买方与博世公司及交易对方签署并公证《股权购买协议》及其他与本次交易相关协议、法律文件，并于 2017 年 9 月 19 日签署并公证《第一修正案》。根据交易文件，本次交易的基础交易价格为 5.45 亿欧元，SG 公司 100% 股权的最终购买价款将基于基础交易价格并依据交易文件所约定的价格调整机制进行调整确定。

【资金来源】股权出资：郑煤机联合中安招商、崇德资本以现金方式购买博世集团旗下汽车电机业务。交易通过产业基金模式完成，基金规模约 5.9 亿欧元，其中交易对价为 5.45 亿欧元，其余 4500 万欧元为预留的并购交易、投后管理等相关费用支出。交易完成后，郑煤机间接持有 SG 公司 70% 的权益。一定时间后，产业基金其他投资方（包括招商致远专项基金、崇德基金等）可要求上市公司采取现金收购或发行股份收购两种方式之一收购所持股份，从而实现退出。退出的对价参考值按以下两种公式孰高计算。公式一：按转让前最近一个会计年度 SG 的 EBITDA 乘以投资时约定的倍数计算；公式二：按产业基金 LP 投资本金乘以 10% 单利计算。

债务融资：中国银行拟向上市公司提供不超过 14.4 亿元（约 1.8 亿欧元）的贷款，根据中国银行卢森堡分行在《股权购买协议》签署阶段所出具的承诺书，中国银行卢森堡分行拟向 SMG 卢森堡公司提供不超过 1.5 亿欧元的贷款（图 10.19）。

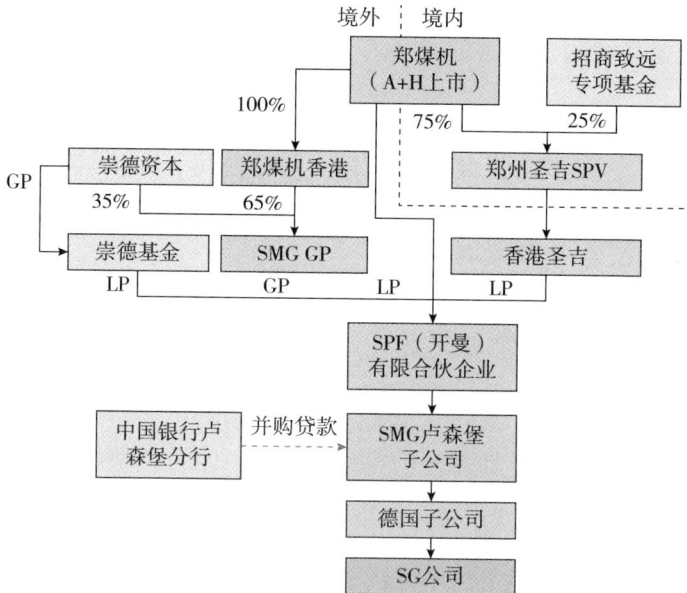

图 10.19 郑煤机收购博世交易架构

【后续表现】2015 年末，郑煤机在煤炭行业景气度下行的背景下，通过本次交易充分发挥标的资产与已有业务的协同效应，进一步做大做强汽车零部件业务，上市公司能够完成汽车电机板块全球布局，促进上市公司走向国际化。

（六）2017 年高瓴资本并购百丽（收购对价 453 亿港元，基金出资 173 亿港元）

中国 PE 基金杠杆收购的知名案例。目前，原百丽旗下的运动业务板块滔博国际已经成功在港交所挂牌上市。

【并购标的简介】Belle（百丽）品牌由香港人邓耀创办。1981 年，百丽时尚在香港创立，最开始从事鞋履贸易业务。1992 年，将时尚鞋履业务拓展至中国内地。2007 年 5 月，百丽国际在港交所挂牌，市值 697 亿港元。2011 年创始人邓耀中风入院后，CEO 盛百椒接棒，全权执掌百丽。

【收购过程】2017 年 4 月，百丽接受了来自高瓴资本和鼎晖投资的要约收购，以每股 6.3 港元的价格完成港股私有化退市，公司总估值 531.35 亿港元。交易完成后，高瓴集团持股 56.81%，成为百丽的第一大股东。百丽国际 83 岁创始人邓耀和 65 岁 CEO 盛百椒将股份全部变现。私有化前后的股权架构如图 10.20 和图 10.21。

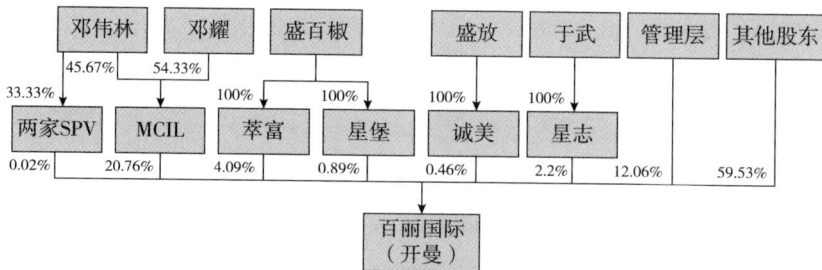

图 10.20　收购前百丽国际股权架构

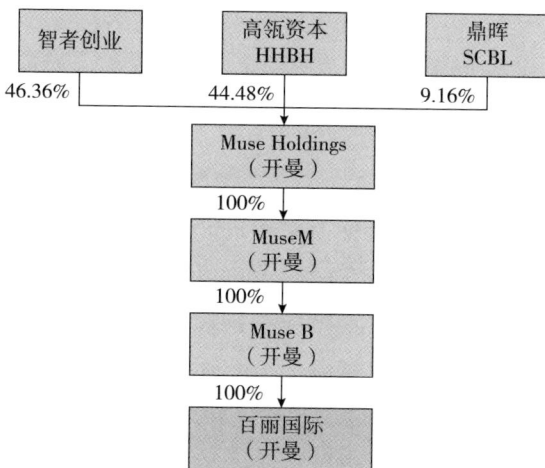

图 10.21　收购后百丽国际股权架构

【资金来源】高瓴资本和鼎晖搭建了以 Muse 为私有化主体的三层架构。Muse 的唯一股东为 Holdco，Holdco 的唯一股东为 Topco，三家特殊目的公司均注册在开曼群岛。Topco 主要用于归集高瓴资本、鼎晖两家投资机构的资本金投入，Holdco 主要用于归集借款人的债权资金。所有的资金最终都汇合至 Muse，以用于私有化百丽国际。私有化架构中，Topco 的股东除了高瓴资本、鼎晖之外，还有盛放、于武及相关管理层等百丽国际原股东。除了原股东投入的资金，高瓴资本和鼎晖需要筹集 453 亿港元，分为两部分：其一是现金 173.11 亿港元（高瓴资本现金投资 142.8 亿港元，鼎晖现金投资 30.31 亿港元）；其二是 Holdco 将其所持 Muse 股权全部质押给美国银行等金融机构融资所得 280 亿港元，同时，Muse 将所持百丽国际全部股份作为融资担保。

百丽国际私有化时的架构如图 10.22。

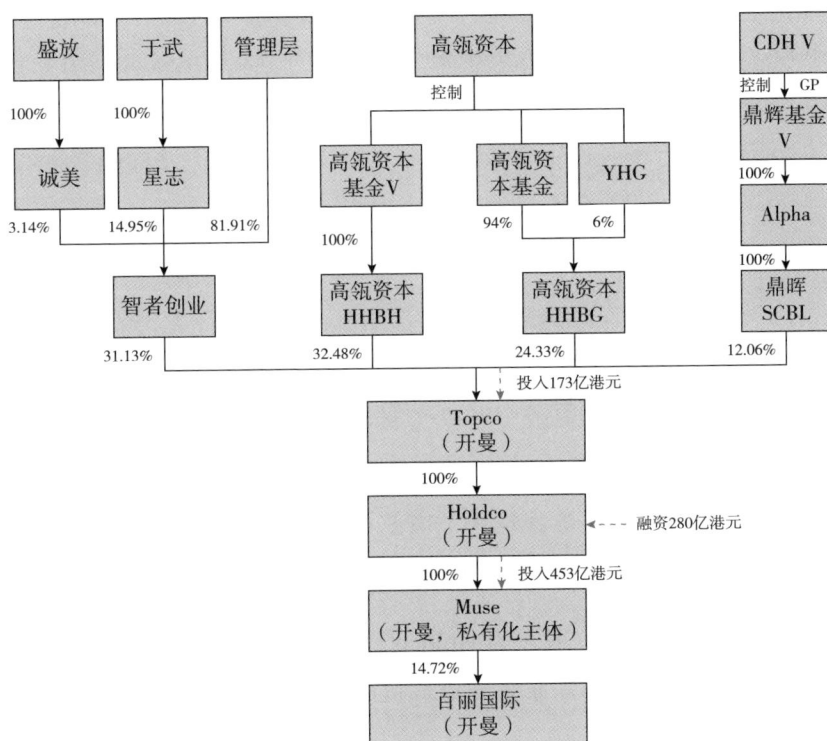

图 10.22　百丽国际私有化时的架构

【后续表现】2019 年 10 月 10 日，百丽旗下运动业务板块滔博国际在港交所成功挂牌上市。开盘当日股价 9.14 元，成交 2.46 亿股，总股本 62.01 亿元，总市值 566.79 亿元。2022 年，百丽时尚也申报港股 IPO，目前尚未成功上市。

（七）2019 年高瓴资本收购格力电器股份（收购对价 416 亿元，自有资金 218.5 亿元）

该案例属于具有重大无先例的国企混改案例。一方面丰富上市公司股东结构，同时管理层共同参与，有利于减少公司未来发展的不确定性，提高对投资人的吸引力。2019 年 12 月，高瓴成立了专项基金珠海明骏，以总计超过 416 亿元的价格，从格力电器的控股股东格力集团处受让了 9.02 亿股格力电器的股票，占当时格力电器总股本的 15%，成为第一大股东。引入战略投资者后，格力电器变为无实际控制人。

【并购标的简介】格力电器为白色家电领域的龙头企业，成立于 1991 年，1996 年 11 月在深交所挂牌上市（图 10.23）。

【收购过程】2019 年，格力集团通过公开征集受让方的方式协议转让格力电器股份。根据《上市公司国有股权监督管理办法》等规定，本次转让价格不低于提示性公告日（2019 年 4 月 9 日）前 30 个交易日的每日加权平均价格的算术平均值，最终转让价格以公开征集并经国有资产监督管理部门批复的结果为准。

2019 年 12 月，高瓴成立了专项基金珠海明骏，以 46.17 元 / 股的价格，总计超过 416 亿元的对价，从格力电器的控股股东格力集团处受让了 9.02 亿股格力电器的股票，占当时格力电器总股本的 15%。

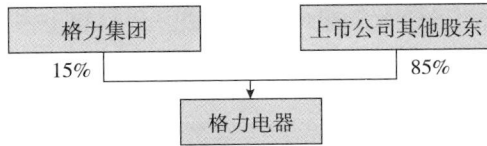

图 10.23　收购前格力电器股权架构

为收购股份设立的珠海明骏为有限合伙制企业，权益结构可以划分为三层（图 10.24）。

第一层结构的功能是募资。珠海明骏为本次交易的募资主体。第二层结构功能是获取收益和报酬，珠海贤盈为珠海明骏的普通合伙人和执行事务合伙人，控制珠海明骏。第三层结构的功能是最终控制，珠海毓秀为珠海贤盈的普通合伙人和执行事务合伙人，控制珠海贤盈。珠海毓秀通过控制珠海贤盈而控制珠海明骏。

相较于珠海毓秀，珠海贤盈作为有限合伙制企业，税收更有利。珠海明骏可向执行事务合伙人珠海贤盈支付报酬。

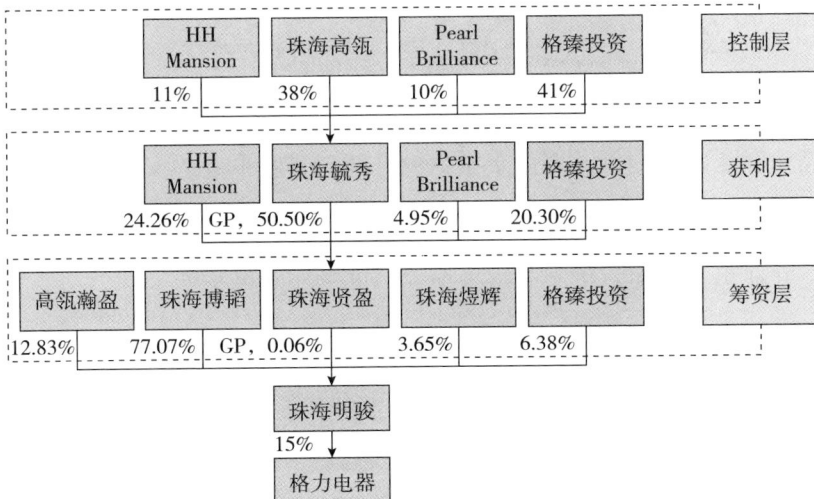

图 10.24　收购后格力电器股权架构

【资金来源】416 亿元的收购资金中，超过一半为银团贷款，牵头行是招商银行。贷款金额不超过 225 亿元，期限不低于 5 年。珠海明骏取得格力电器股份后，会全部质押给银团。为避免影响格力电器股权的稳定性，这次场外股票质押融资，没有补仓或平仓安排。此外，格力电器还提高了分红比例，以后每年的分红金额，会占到净利润的一半以上（图 10.25）。

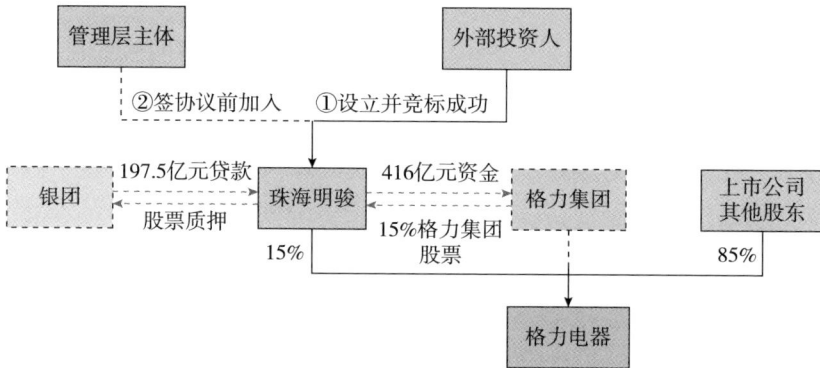

图 10.25　高瓴资本收购格力电器股份交易架构

【后续表现】2021 年以后，由于市场低迷，格力电器的股价曾经一度跌破成本价。但由于贷款没有补仓或者平仓的安排，股权结构没有受到影响。珠海明骏目前仍为格力电器第一大股东。

（八）2020 年安通控股破产重整（重整投资人合计出资 45 亿元，其中招商系产业方出资 6 亿元控制的招航物流成为第一大有表决权股东）

安通控股重整项目为 A 股市场首例由央企产业投资人以市场化

方式主动参与的民营企业破产重整项目。招商局集团通过"产业 +
财务"双平台,以产业方 6 亿元出资联合内外部财务投资人,为重
整募集 45 亿所需资金。重整完成后,招航物流成为安通控股第一
大有表决权股东。安通控股得以化解债务危机、退市风险,维持上
市地位,持续运营。

【标的简介】安通控股在内贸集装箱船行业排名前三,行业高
度集中,前三(中远海泛亚、中谷、安通)控制了超过 80% 市场
份额。重整之前,公司实控人为郭东泽、郭东圣两兄弟,郭氏兄
弟及其控制的仁建集团合计持股 54.61%。安通控股为控股型公司,
主要业务集中于两家核心子公司泉州安通物流有限公司及泉州安盛
船务有限公司(图 10.26)。

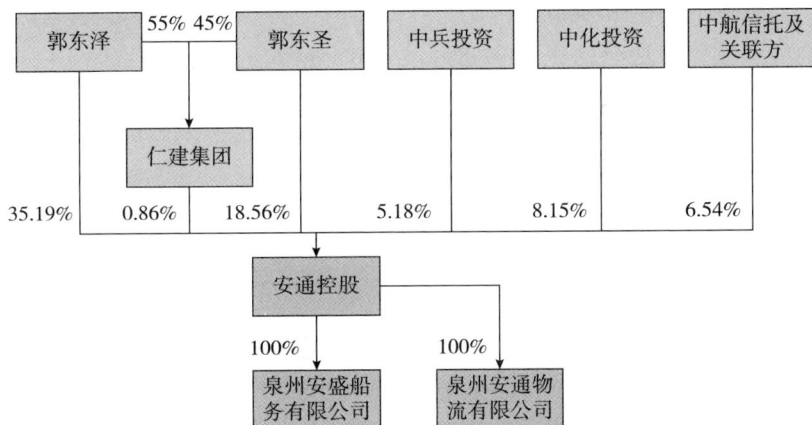

图 10.26 安通控股破产重整前股权架构

公司存在违规对外担保、大股东资金占用,以及严重的资不抵
债等问题(2019 年 12 月 31 日归属母公司净资产为 –9.8 亿元),面

临退市风险，债权人和逾 16 000 名安通控股中小股东都将遭受重大投资损失，经协商调解，启动破产重整，解决多项问题。

截至 2020 年 7 月 31 日，公司资产账面值为 7.78 亿元，按照清算价值法评估值为 4.41 亿元。支付必要的破产费用、共益债务、职工债权后，普通债权清偿率约为 3.64%。

【重整时间脉络】（历时一年：2019 年 12 月—2020 年 12 月）在子公司层面，2019 年 12 月 19 日，两核心子公司进入重整程序，对其业务和资产形成有效保护。

在上市公司层面，债权人 2020 年 3 月向当地中院提出重整申请，中院转高院、省政府报证监会获认可后，9 月中院裁定正式受理安通控股重整。招商港口及辽港集团合计出资 6 亿元入股"产业平台"——福建省招航物流管理合伙企业（以下简称招航物流，有限合伙人，普通合伙人为招商港口 100% 持股的赤湾货代）。10 月，产业平台被法院确认为候任重整投资人，由其签署重整计划及投资框架协议，随后债权人大会通过重整计划。

11 月，法院裁定认可重整计划草案，重整程序开始执行，包括投资人出资、股票划转登记等。

2020 年 12 月，安通控股公告，重整程序执行完毕。

【重整方案】重整计划以安通控股重整前的总股本（14.87 亿股）为基数，按照每 10 股转增 19.35 股的比例实施资本公积转增股票，共计转增 28.77 亿股。重整计划引入重整投资人认购其中的 15.41 亿股。其余股份作为给债权人和中小股东的补偿（表 10.3）。

表 10.3　重整方案

序号	用途	价格（元/股）	数量/亿股	金额/亿元	备注
1	向中小股东分配		0.97		向100名后中小股东分配
2	业绩补偿	9.5	0.80	7.6	安通控股借壳上市时向其他股东做的业绩承诺未达标
3	解决违规担保问题	9.5	0.74	7	已生效判决
4		9.5	3.89	36.96	重整时尚在诉讼程序中，预留
5	解决资金占用	5.69	0.72	4.09	由产业投资者认购
6		5.69	1.58	9.00	由财务投资者认购
7	引入产业投资者	2.29	4.10	9.41	
8	引入财务投资者	2.53	9.00	22.77	
9	偿还上市公司债务	9.5	7.13	67.74	
10	预留股份	9.5	0.62	3.14	可用于清偿或有债务
	合计		28.77		

重整投资人通过公开招募和遴选确定。

招航物流作为产业投资人，与财务投资人一起作为重整投资人，按照如下安排支付现金对价受让转增股份：

（1）产业投资人招航物流将按照 2.29 元/股的价格合计受让 4.1 亿股转增股票，支付现金对价合计 9.41 亿元。同时，产业投资人需以 5.69 元/股的价格合计受让应分给控股股东及其一致行动人上海仁建企业发展集团有限公司的 0.72 亿股股票，支付现金对价合计 4.09 亿元用于解决资金占用问题。

（2）财务投资人将按照 2.53 元/股的价格受让合计受让 9 亿股转增股票，支付现金对价合计 22.77 亿元。同时，财务投资人需以 5.69 元/股的价格合计受让应分给控股股东及其一致行动人上海仁建企业发展集团有限公司的 1.58 亿股股票，支付现金对价合计 9.00 亿元用于解决资金占用问题。

【资金来源】招商局集团控制的招商港口及辽港集团，合计出资 6 亿元入股产业平台招航物流，并引入其他有限合伙人（金额约 7.5 亿元，占比约 56%）。重整投资人总共出资约 45.27 亿元（图 10.27）。

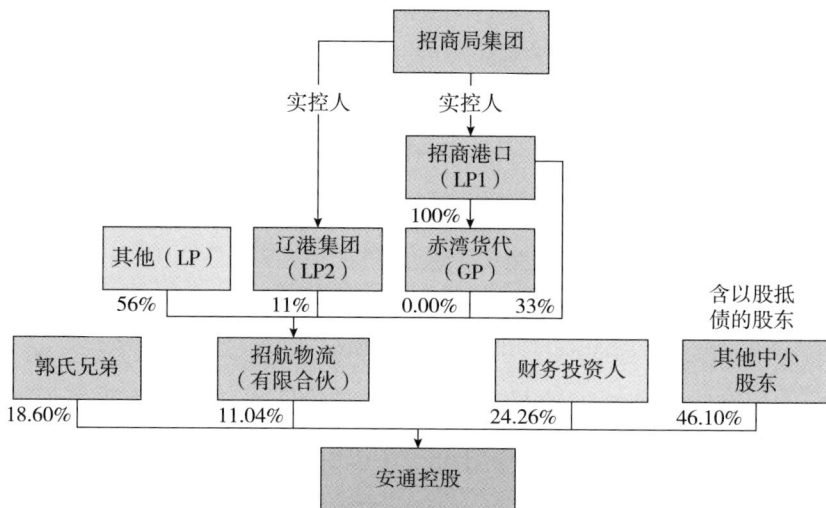

图 10.27　安通控股破产重整后股权结构

【后续表现】重整不仅帮助安通控股化解了债务危机，彻底地消除了净资产为负的退市风险，并获得招商局集团强大的产业资源支持、大幅提高了经营实力；保护了债权人和逾 16 000 名中小股东免遭重大投资损失；同时也保障了公司上千名员工就业，保全了公司上下游数万家供应商、客户的业务和经济利益；财务投资人在 24 个月锁定期满后也获得可观的收益。